Les élections législatives au Congo

Claude-Richard M'Bissa

Les élections législatives au Congo

Enjeux du découpage électoral

L'Harmattan- Congo

5-7, rue de l'Ecole-Polytechnique, 75005 Paris

http://www.librairieharmattan.com
diffusion.harmattan@wanadoo.fr
harmattan1@wanadoo.fr

ISBN : 978-2-336-00342-9
EAN : 9782336003429

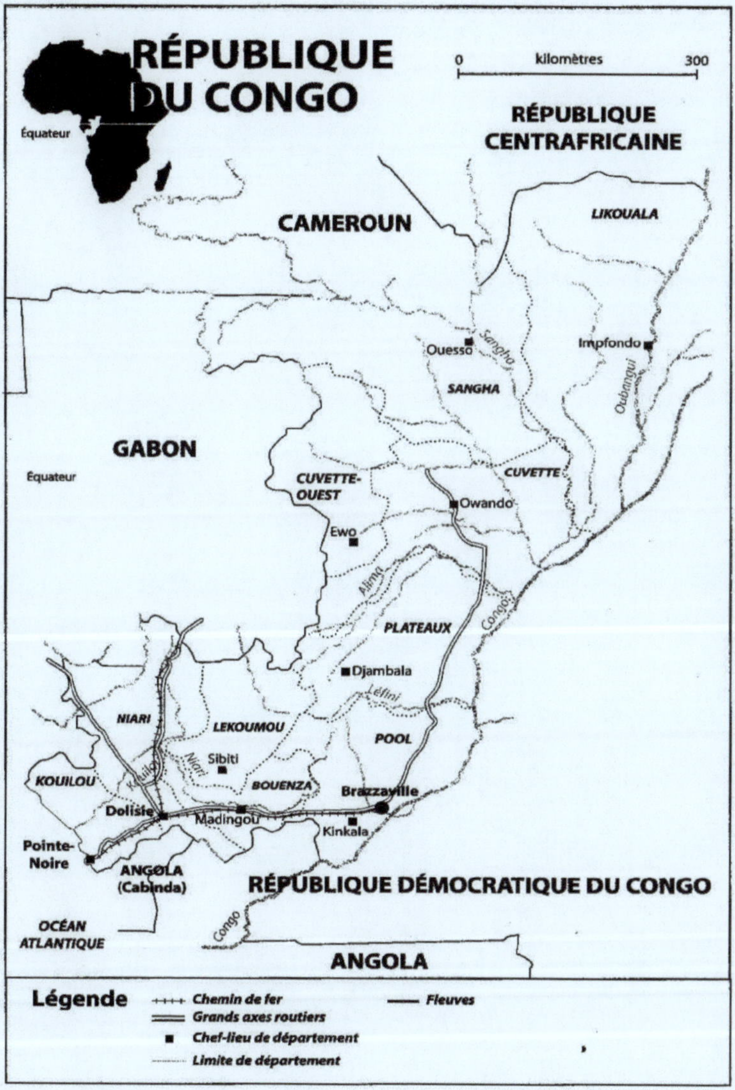
RÉPUBLIQUE DU CONGO
Équateur
0 kilomètres 300
RÉPUBLIQUE CENTRAFRICAINE
CAMEROUN
LIKOUALA
Ouesso
Sangha
Impfondo
SANGHA
Oubangui
GABON
Équateur
CUVETTE-OUEST
CUVETTE
Owando
Ewo
Alima
Congo
PLATEAUX
Djambala
Léfini
NIARI
LEKOUMOU
POOL
Sibiti
Niari
Kouilou
KOUILOU
BOUENZA
Brazzaville
Dolisie
Madingou
Kinkala
Pointe-Noire
ANGOLA (Cabinda)
RÉPUBLIQUE DÉMOCRATIQUE DU CONGO
OCÉAN ATLANTIQUE
Congo
ANGOLA
Légende
Chemin de fer
Grands axes routiers
Chef-lieu de département
Limite de département
Fleuves

Liste des abréviations

Sigles	Libellés
A.P.C.	Agir Pour le Congo
Club 2002 P.U.R.	Club 2002-Parti pour l'Unité et la République
C.N.D.D.	Convention Nationale pour la Démocratie et le Développement
C.N.T.	Conseil National de Transition
C.N.S.	Conférence Nationale Souveraine
CO.N.EL.	Commission Nationale des Elections
C.R.	Convention des Républicains
C.S.R.	Conseil Supérieur de la République
F.D.N.	Forces Démocratiques Nouvelles
F.M.I.	Fonds Monétaire International
M.A.R.	Mouvement Action et Renouveau
M.C.D.D.I.	Mouvement Congolais pour la Démocratie et le Développement Intégral
M.D.P.	Mouvement pour la Démocratie et le Progrès
M.S.D.	Mouvement pour la Solidarité et la Démocratie
P.C.A.	Poste de Contrôle Administratif
P.C.R.	Parti Congolais pour le Renouveau
P.C.T.	Parti Congolais du Travail
P.P.T.E.	Pays Pauvres Très Endettés
R.D.D.	Rassemblement pour la Démocratie et le Développement
R.D.P.C.	Rassemblement Démocratique du Peuple Congolais
R.D.P.S.	Rassemblement pour la Démocratie et le Progrès Social

R.D.R.	Rassemblement pour la Démocratie et la République
U.D.D.	Union pour la Défense de la Démocratie
U.D.R. Mwinda	Union pour la Démocratie et la République
U.F.D.	Union des Forces Démocratiques
U.P.	Union pour le Progrès
U.PA.D.S.	Union Panafricaine pour la Démocratie Sociale
U.P.D.P.	Union Pour la Démocratie et le Progrès
U.P.R.N.	Union Patriotique pour le Renouveau National
U.R.	Union pour la République
U.R.D.	Union pour la République et la Démocratie
U.R.N.	Union pour le Redressement National

Avant-propos

L'année 2012 aurait pu s'inscrire dans les annales politiques du Congo comme une année spécifique, une sorte de charnière, sur le plan électoral, entre l'organisation des scrutins de 2002, 2007 et 2009, et la nouvelle approche espérée pour les législatives de cette année (2012).

L'engagement solennel, pris par le Président de la République à l'occasion des vœux du nouvel an 2012, de veiller scrupuleusement à ce que « …les prochaines élections législatives » eussent été « le rendez-vous de la démocratie exercée dans la paix, la liberté, la transparence et la justice » et l'organisation d'une concertation politique nationale à Ewo, prélude aux législatives de 2012, tenue du 15 au 17 décembre 2011, auguraient une perspective rassurante et réjouissante. Malheureusement, la réalité a été tout autre. Trois des treize recommandations issues de cette rencontre sont consacrées au découpage électoral.

Pourquoi avoir réfléchi sur le découpage électoral et ses enjeux ? Qu'est-ce que le découpage électoral ? Découper sous-entend diviser, couper, sectionner, fractionner, morceler …, et pour quel but ?

Il est évident que le découpage électoral est une opération administrative régulière dans un pays et répond aux nécessités d'une gestion performante de la cité. De la division du territoire national en circonscriptions de vote ou électorales dénote la volonté des gouvernants de définir des critères précis et indiscutables pour tous.

Relevant du domaine de la loi, le découpage électoral ne peut être assimilé à un acte administratif anodin et suppose l'affirmation d'une majorité parlementaire qui en découle pour légitimer ses effets et conséquences. Il ne serait pas de bonne gouvernance de se soustraire à la démarche législative ou de la vicier.

La Conférence nationale souveraine (C.N.S.) de 1991, qui demeure un des moments majeurs de notre histoire, a instruit et prescrit des orientations au gouvernement de transition de 1991 à 1992, dégagé des critères précis de répartition qui faisaient de chaque entité administrative une circonscription électorale automatiquement, d'une part, et l'intervention de la clé de répartition selon les données démographiques, d'autre part ; c'est-à-dire de 1 à 15.000 habitants, de 15.001 à 30.000 habitants, etc., pour les localités rurales. Pour les villes, un autre coefficient : le double de la population des zones rurales, tenant compte de la concentration urbaine et du moindre peuplement de l'intérieur du pays.

L'objet de cette étude, qui est une contribution modeste à la connaissance de cette question précise du découpage, se voudrait être à la fois une interrogation et une tentative de réponse, de manière à prendre objectivement position sur les effets de la politique électorale.

Notre ambition est de fixer les partis et acteurs politiques ainsi que les citoyens électeurs sur l'urgente nécessité de promouvoir un consensus autour des questions globales d'intérêt national afin d'éviter la destruction du tissu national. Cet ouvrage démontre, en outre, qu'au-delà des élections, il s'agit de procéder au choix, parmi tant d'autres, des compatriotes capables de décider pendant cinq ans de la vie de toute la communauté nationale.

Somme toute, cet ouvrage analyse les principes de base et décrit l'historique du découpage électoral de l'ère démocratique, montre les incohérences et tente, par conséquent, de rendre transparent un pan important du dispositif électoral congolais, et suggère une formulation des critères objectifs pour la détermination des circonscriptions, évitant ainsi des frustrations de toutes sortes, des faux- fuyants qui pourraient mener à des impasses périlleuses et aussi à des dérives suicidaires.

Brazzaville, le 20 juillet 2012

Introduction

Le découpage électoral est une opération administrative, un mécanisme couramment utilisé pour la division d'un territoire en circonscriptions, chacune d'elles élisant ses représentants. Souvent, ces représentants peuvent à leur tour élire des représentants à une échelle plus globale de conseil de région, de département ou de fédération, d'assemblée nationale ou de sénat.

La population du pays variant inéluctablement dans le temps et dans l'espace, le découpage en circonscriptions doit donc évoluer afin d'essayer de maintenir un rapport identique entre le nombre de représentants et celui des électeurs dans toutes les circonscriptions. On comprend aisément le caractère sensible de l'opération ou les enjeux politiques de cette tâche qui peut s'avérer délicate, d'autant que les divers partis en lice soupçonnent souvent tout nouveau découpage d'être destiné à leur nuire. C'est ainsi que lorsqu'ils le désapprouvent effectivement, ces derniers le qualifient, sous une terminologie métaphorique empruntée à la boucherie, de « charcutage électoral ».

Les exemples illustrant la définition du terme découpage électoral par les dictionnaires *Dicos Encarta*, édition 2007, et *Le nouveau Petit Robert*, édition 2009, page 637, reflètent chacun une caractéristique spécifique des enjeux et sont symptomatiques de la méfiance a priori des partis politiques.

Par l'expression « procéder à un nouveau découpage électoral », le premier dictionnaire se réfère au caractère non immuable et évolutif du découpage électoral. Par celle de « découpage électoral favorable à tel parti », le deuxième dictionnaire souligne l'aspect conflictuel et d'essence litigieuse du découpage électoral.

En effet, mal conçu et arbitrairement exécuté par le gouvernement, le découpage électoral peut constituer un casus belli entre les camps politiques, diviser l'opinion nationale, déchaîner les passions et mettre à mal le pays et la nation toute entière.

Le constat s'avère implacable. Le découpage électoral est une question fondamentale et extrêmement sensible. Son enjeu est capital car elle détermine la configuration de la future assemblée nationale et le fonctionnement du pays à travers les institutions issues des différents scrutins (conseils de région ou départementaux, sénat, etc.).

Même dans les vieilles démocraties occidentales, la question du découpage électoral a souvent donné lieu à de chaudes empoignades entre des protagonistes à l'hémicycle, à des mouvements de rue, des manifestations passionnées et passionnelles.

Dans notre pays plus précisément, tous les acteurs politiques se souviennent, sans aucun doute, des débats contradictoires et féconds sur cette question au sein du Conseil Supérieur de la République (C.S.R.), parlement de transition issu de la Conférence nationale souveraine(C.N.S.) de 1991, qui ont abouti à la loi électorale consensuelle et équitable, n° 9 - 92 du 21 janvier 1992 définissant, de façon claire et précise, les critères de référence pour un découpage objectif et responsable du territoire national.

La loi électorale n° 9 - 2001 du 10 décembre 2001, adoptée par le Conseil National de Transition (C.N.T.), autre parlement de transition issu du Forum National pour la Paix, la Réconciliation et la Reconstruction du Congo de 1998, faux frère de la C.N.S., fixe sans explicitation le nombre de circonscriptions électorales, occulte la question du découpage électoral, et renvoie, sans autre forme de procès, à une procédure réglementaire ultérieure, c'est-à-dire à la discrétion du gouvernement de transition.

Suite au débat lancinant sur l'organisation consensuelle des élections législatives de 2007, une nouvelle loi, une sorte de tour de passe-passe devant recadrer le découpage électoral de 2002, a été adoptée par le parlement.

En effet, la loi n° 5 – 2007 du 25 mai 2007, modifiant et complétant certaines dispositions de la loi n° 9 – 2001 du 10 décembre 2001 portant loi électorale, apparaît comme une échappatoire maladroite et grotesque aux nombreuses récriminations et réclamations des partis politiques de l'opposition, une procédure législative cavalière qui a consisté, en réalité, à transposer purement et simplement, et de bout en bout, tout le contenu du décret n° 2002 – 173 du 23 mars 2002, déterminant les circonscriptions électorales aux élections législatives de mai 2002, et à le convertir ainsi - sans se soucier ne fût-ce que de la forme - en « Article 54 alinéa 2 ».

A titre de rappel élémentaire, la détermination des circonscriptions électorales devrait, dans tous les pays et dans tous les cas de figure, se fonder invariablement sur le critère démographique, à savoir le nombre d'habitants, le nombre de villes, de villages et de hameaux.

Aussi bien en 1992 qu'en 2002 et 2007, ces aspects semblent avoir été la référence commune verbalement affirmée par les différents gouvernements de notre pays. Qu'en a-t-il été en réalité ? Quels sont les changements et les évolutions intervenus entre 1992, 2002 et 2007 au sein de la population et dans l'administration territoriale pour aboutir, à la fin de l'opération de découpage en circonscriptions électorales, à des résultats aussi différents et surtout aussi contestables en 2002, des résultats faisant passer le nombre de sièges à l'Assemblée Nationale de 125 à 137 ? Quelle a été la procédure suivie par le gouvernement de transition, d'abord, et par la suite, par celui de la « Nouvelle Espérance » ? N'aurait-il pas été possible d'obtenir plus ou moins de 137 circonscriptions électorales ? Quelle réflexion sur un découpage électoral équitable pourrait-on modestement proposer pour une organisation consensuelle des élections législatives futures ?

Ainsi, la première partie de cette étude se destine à l'examen du cadre légal de l'organisation des élections législatives ordinaires de 1992 et anticipées de 1993 et 1995 et à l'analyse des résultats de ces trois scrutins ; la deuxième et la troisième parties ont trait aux mêmes rubriques susmentionnées (le cadre légal et l'analyse des résultats) concernant les élections législatives respectives de 2002 et de 2007 ; tandis que la quatrième partie, la dernière, se propose de s'interroger sur les modalités d'un découpage, en circonscriptions, équitable et consensuel pour les élections législatives futures.

Première partie

Les élections législatives ordinaires de 1992 et anticipées de 1993 et 1995

La période qui a suivi la tenue de la Conférence nationale souveraine (C.N.S.) de 1991 a été marquée par l'organisation d'une série d'élections à tous les niveaux institutionnels : référendaire, locales et municipales, législatives, sénatoriales et présidentielles.

Concernant les élections législatives, celles-ci ont été normalement organisées le 24 juin 1992, pour le premier tour, et le 19 juillet de la même année, pour le deuxième tour. Suite à la motion de censure du gouvernement de Stéphane Maurice Bongho Nouarra et à la dissolution de l'Assemblée nationale qui s'en est suivi, des élections législatives anticipées ont été organisées le 2 mai 1993, pour le premier tour, et le 6 juin 1993, pour le deuxième. En 1995, des élections législatives anticipées ont eu lieu le 3 et le 6 octobre, et des élections complémentaires ont eu lieu le 23 avril 1995.

Toutes ces élections législatives se sont déroulées dans un cadre légal consensuel et harmonieux ne suscitant pratiquement aucune contestation majeure. Si des controverses et des contradictions ont envenimé le champ politique national, elles sont d'origine essentiellement politique ou, plus exactement, politicienne.

Quels sont le contenu et le contour du cadre légal dans lequel se sont déroulées les élections législatives de 1992, 1993 et 1995 ? Quelle a été la répartition territoriale des circonscriptions électorales ? Quelles sont les forces politiques en présence, celles issues des différents scrutins législatifs, autrement dit : quelle est la configuration de l'Assemblée nationale, en terme de sièges occupés par les différents partis politiques ?

Chapitre 1
Le cadre légal

Il s'agit de la loi n° 001 – 92 du 21 janvier 1992, portant loi électorale, adoptée par le Conseil Supérieur de la République (C.S.R.), le parlement de transition issu de la Conférence nationale souveraine (C.N.S.) tenue du 25 février au 10 juin 1991.

Concernant le découpage en circonscriptions électorales qui détermine le nombre de sièges à l'Assemblée Nationale, l'article 28 de la loi précitée définit, de façon claire et précise, la procédure à suivre et les critères de répartition.

La loi ne fixe pas a priori le nombre de circonscriptions électorales et ne l'impose pas non plus à l'exécutif. Le nombre de 125 circonscriptions pour les législatures de la décennie 1990 a été donc l'aboutissement de la procédure de découpage et non un chiffre édicté d'avance par la loi électorale.

Selon les critères de référence de 1992, le principe de la loi électorale fait une nette distinction entre le monde rural, moins peuplé, et les agglomérations urbaines dont la densité humaine est effectivement importante. Pour éviter de pénaliser l'hinterland par une moindre représentation à travers une équivalence mathématique en termes de population, les concepteurs de la loi électorale susmentionnée ont élaboré les modalités d'équité ci-après : 1 siège équivaut à un district de moins de 15.000 habitants ; pour les arrondissements et les communes sans arrondissement, 1 circonscription représente moins de 30.000 habitants. Selon ces modalités, le monde rural et les agglomérations urbaines peuvent obtenir respectivement au maximum 5 sièges.

A cet effet, l'article 28 de la loi n° 001 – 92 du 21 janvier 1992 est suffisamment explicite. Cet article dispose littéralement ainsi :
« Le nombre des sièges à pourvoir à l'Assemblée nationale est reparti ainsi qu'il suit :

A – Districts:
1 siège pour les districts dont la population est comprise entre 1 et 15.000 habitants ;
2 sièges pour les districts dont la population est comprise entre 15.001 et 30.000 habitants ;
3 sièges pour les districts dont la population est comprise entre 30.001 et 45.000 habitants ;
4 sièges pour les districts dont la population est comprise entre 45.001 et 60.000 habitants ;
5 sièges pour les districts dont la population est de plus de 60.000 habitants ».

B – Arrondissements et communes sans arrondissement :
1 siège pour une population de 1 à 30.000 habitants ;
2 sièges pour une population de 30.001 à 60.000 habitants ;
3 sièges pour une population de 60.001 à 90.000 habitants ;
4 sièges pour une population de 90.001 à 120.000 habitants ;
5 sièges pour une population de plus de 120.000 habitants ».

Chapitre 2
La répartition territoriale de la population totale et du corps électoral

2.1. Le tableau synoptique de la répartition territoriale tripolaire de la population totale et de la population électrice en 1992

Localisation	Population totale (1)	Pourcentages	Population électrice (2)	Pourcentages
A) **Zone sud**				
Kouilou	665.502	24,70	274.302	20,58
Niari	220.095	8,17	115.965	8,70
Lekoumou	74.420	2,76	41.588	3,12
Bouenza	219.822	8,16	115.827	8,70
Pool	195.792	7,27	115.760	8,69
Total	**1.375.631**	**51,06**	**663.442**	**49,79**
B)**Partie nord**				
Plateaux	119.722	4,44	78.438	5,89
Cuvette	151.839	5,64	92.894	6,97
Sangha	52.132	1,94	29.480	2,21
Likouala	70.675	2,62	22.280	1,67
Total	**394.368**	**14,64**	**223.092**	**16,74**
C) **Brazzaville**	**923.889**	**34,30**	**446.047**	**33,47**
CONGO	**2.693.888**	**100**	**1.332.581**	**100**

(1) Conformément aux dispositions du décret n° 91/873 du 15 novembre 1991 portant organisation et déroulement du recensement administratif, Rapport synthèse.
(2) Rapport d'évaluation préélectorale, Brazzaville, janvier 2002, Collectif des ONG des droits de l'Homme et de développement démocratique. Missions organisées dans plusieurs régions du Congo avec l'appui financier de la Fondation Internationale pour les Systèmes Electoraux (I.F.E.S.).

1992 : Population totale

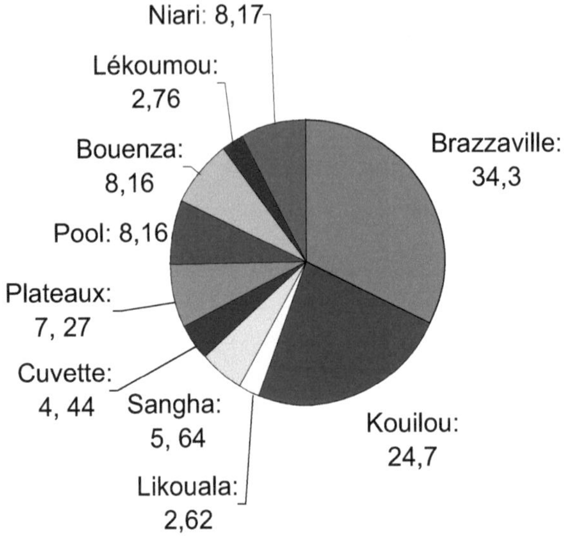

1992 : Population électrice (corps électoral)

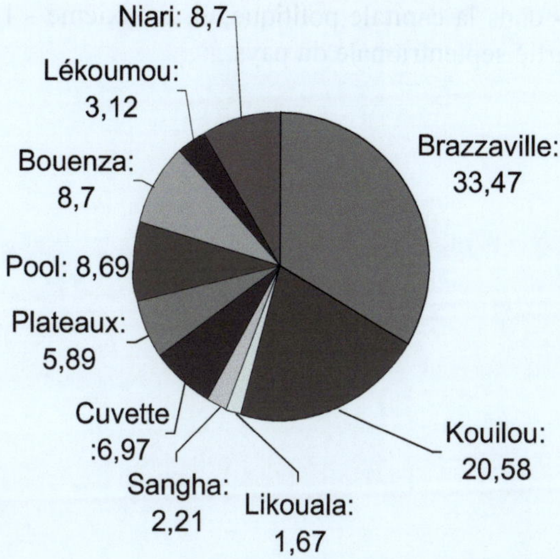

2.2. L'analyse

En 1992, la population totale de notre pays est estimée à 2.693.888 habitants. Cette population est essentiellement concentrée dans la zone sud du pays, soit 1.375.631 habitants, représentant plus de la moitié de l'effectif national, précisément 51,06 %.

La plus grande concentration dans la zone sud se situe dans le Kouilou, incluant l'agglomération urbaine de Pointe-Noire, représentant 24,70 %, soit un quart de la population totale du pays.

La première concentration de la population est, de loin l'agglomération de Brazzaville, avec le chiffre de 923.889 habitants, soit un taux de 34,30 % ou un peu plus du tiers de la population globale.

La partie nord représente le 1/6e de la population : 14,64 %, soit le nombre de 394.368 habitants.

Globalement, cette proportionnalité, observée au niveau de la population totale, est respectée au niveau de la répartition de la population électrice - le corps électoral - sur l'ensemble du territoire national.

Ainsi, il apparaît que la population électrice est de 50 % - précisément 49,79 % - dans la zone sud, plus du tiers - effectivement 33,47 % - dans la capitale politique, et un sixième - 16,74 % - dans la partie septentrionale du pays.

Chapitre 3
La répartition territoriale des circonscriptions électorales

3.1. Le tableau synoptique de la répartition territoriale des circonscriptions électorales en 1992

Localisation	Circonscriptions électorales	Pourcentages
A) **Zone Sud**		
Kouilou	19	15,20
Niari	14	11,20
Lekoumou	6	4,80
Bouenza	16	12,80
Pool	16	12,80
Total	**71**	**56,80**
B) **Partie Nord**		
Plateaux	8	6,40
Cuvette	15	7,20
Cuvette-ouest	6	4,80
Sangha	4	3,20
Likouala	5	4,00
Total	**32**	**25,60**
C) **Brazzaville**		
Mfilou	2	1,60
Talangaï	4	3,20
Ouenze	4	3,20
Moungali	3	2,40
Poto-Poto	3	2,40
Bacongo	2	1,60
Makelekele	4	3,20
Total	**22**	**17,60**
CONGO	**125**	**100**

3.2. L'analyse

Compte tenu de l'esprit de la loi n° 001 – 92 du 21 janvier 1992 qui évite de pénaliser l'hinterland moins peuplé et, particulièrement, des modalités de l'article 28 de la loi susmentionnée, la proportionnalité entre le nombre d'habitants des entités administratives et la répartition des circonscriptions électorales est globalement respectée.

Ainsi, le découpage du territoire national en circonscriptions électorales donne plus de la moitié des sièges à l'Assemblée nationale, 56,80 %, soit en valeur nominale : 71 sur un total de 125 sièges, à la zone sud ; un quart à la partie nord, 25,60 %, soit 32 sièges ; et un sixième à l'agglomération de Brazzaville, précisément 22 sièges, soit 17,60 %.

1992: Répartition des circonscriptions électorales

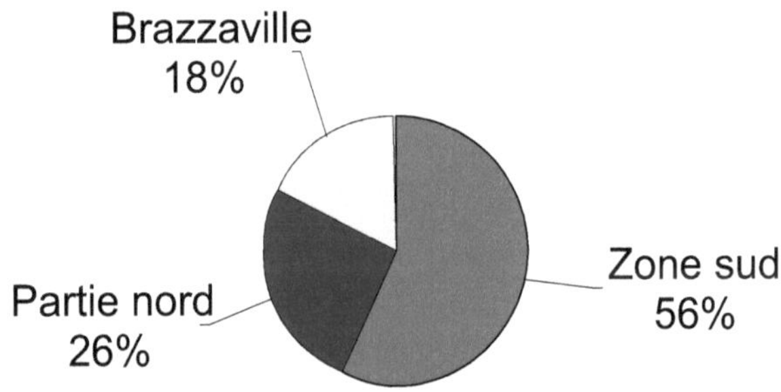

Chapitre 4
La configuration de l'Assemblée nationale

4.1. La présentation des données

D'abord, il s'agit de constater quelle est, concrètement, la configuration de l'Assemblée nationale, c'est-à-dire l'occupation des sièges en termes de répartition de ces sièges entre les différents partis et groupements politiques, d'une part, et, d'autre part, entre la zone sud, évidemment la plus peuplée, 51,06 % de la population (cf. tableau synoptique de la page 23), et la partie septentrionale de notre pays, ceci dans l'optique de constater le respect de la proportionnalité selon les modalités de la loi électorale, l'équilibre et l'équité entre la représentation politique et la structure en nombre de la population du pays.

Ensuite, on pourrait s'interroger sur la réalité ou le mythe du concept de fief électoral, régional et ethnique qui illustrerait le lien entre le leader, le chef de parti ou d'association politique, et sa sphère géographique d'origine.

L'arrêté n° 3809 du 30 août 1992, du ministère de l'Intérieur et de la sécurité, portant publication de la liste des députés élus à l'Assemblée nationale au nombre de 120, et les arrêtés n° 1058 bis du 20 mai 1993 et n° 1678 du 10 juin 1993, pour le nombre total de 125 députés, constituent la base de données à partir de laquelle les tableaux synoptiques ci-après permettent de répondre à ces diverses interrogations.

4.1.1. Le tableau synoptique de la répartition des sièges par parti politique à l'Assemblée nationale issue des élections législatives de 1992.

Formations politiques / Localisations	UPADS	MCDDI	PCT	RDPS	Indépen-dants	RDD	UFD	Autres partis	Total sièges
A) **Zone Sud**									
Kouilou	7	2		9				1	19
Niari	14								14
Lékoumou	5				1				6
Bouenza	13				2			1	16
Pool		12						3	15
Total	39	14		9	3			5	70
Pourcentages	**32,50**	**11,67**		**7,50**	**2,50**			**4,17**	**58,33**
B) **Partie Nord**			3		1		2	2	8
Plateaux			3		2	4		2	11
Cuvette									
Cuvette Ouest			2			1		1	4
Sangha			5						5
Likouala									
Total			13		3	5	2	5	28
Pourcentages			**10,83**		**2,50**	**4,17**	**1,67**	**4,17**	**23,33**
C)**Brazzaville**									
Makelekele		4							4
Bacongo		2							2
Mfilou		2							2
Poto-Poto	1	1	1						3
Moungali		3							3
Ouenze		3	1						4
Talangaï			4						4
Total	1	15	6						22
Pourcentages	**0,83**	**12,50**	**5,00**						**18,34**
CONGO	40	29	19	9	6	5	2	10	120
Pourcentages	**33,33**	**24,16**	**15,83**	**7,50**	**5,00**	**4,17**	**1,67**	**8,34**	**100**

Source : Arrêté n° 3809 du 30 août 1992.

1992 : Assemblée nationale, 120 sièges

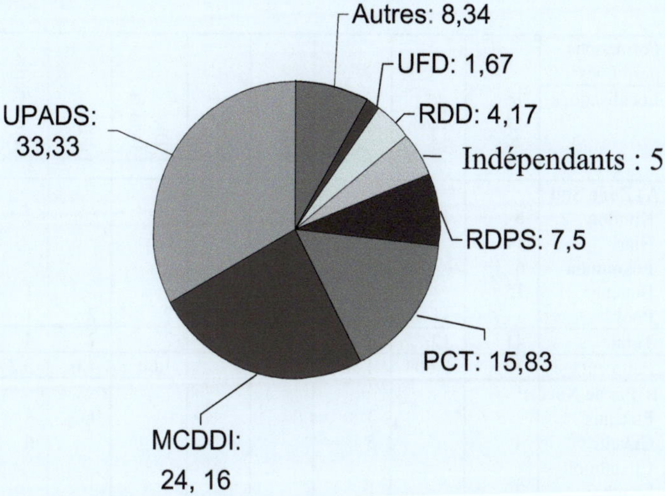

Sources (tableau page 32 ; **4.1.2.**) :

- Arrêté n° 1058 bis du 20 mai 1993.
- Arrêté n° 1678 du 10 juin 1993.

4.1.2. Le tableau synoptique de la répartition des sièges par parti politique à l'Assemblée nationale issue des élections législatives anticipées des 2 mai et 6 juin 1993.

Formations politiques / Localisations	UPADS	MCDDI	PCT URD	RDPS	RDD	UDR Mwinda	UFD	Autres partis	Total sièges
A) **Zone Sud**									
Kouilou	6	1	6	4				2	19
Niari	14								14
Lekoumou	6								6
Bouenza	15							1	16
Pool		11				2	2	1	16
Total	41	12	6	4		2	2	4	71
Pourcentages	32,8	9,60	4,80	3,2		1,60	1,6	3,2	56,8
B)**Partie Nord**									
Plateaux			3				1	4	8
Cuvette	4		3		4			4	15
Cuvette-ouest									
Sangha	2		1		1				4
Likouala	2		2		1				5
Total	8		9		6		1	8	32
Pourcentages	6,40		7,20		4,8		0,8	6,4	25,6
C) **Brazzaville**									
Makelekele		4							4
Bacongo		2							2
Mfilou		2							2
Poto-Poto	1		2						3
Moungali						3			3
Ouenze		2	1			1			4
Talangaï			3				1		4
Total	1	10	6			4	1		22
Pourcentages	0,80	8,00	4,80			3,20	0,8		17,6
CONGO	50	22	21	4	6	6	4	12	125
Pourcentages	**40,00**	**17,60**	**16,80**	**3,20**	**4,80**	**4,80**	**3,20**	**9,60**	**100**

1993 : Assemblée nationale, 125 sièges

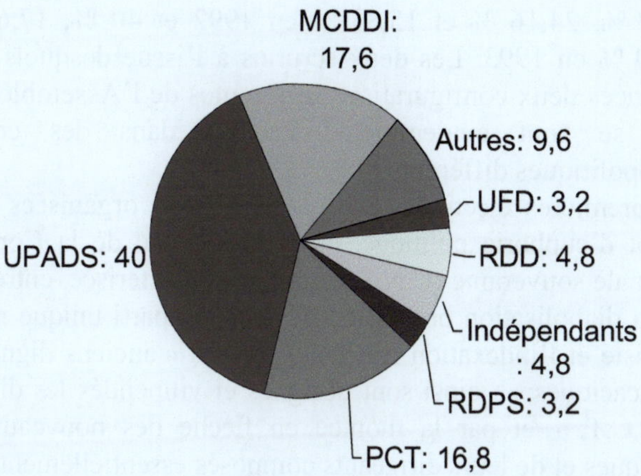

4.2. L'analyse.

4.2.1. La lecture des deux tableaux synoptiques, ci-dessus présentés, suscite deux observations globales.
D'abord, la conception en trois ensembles géographiques - la zone sud, la partie nord et l'agglomération urbaine de Brazzaville - est destinée à établir et à vérifier la corrélation en termes de principe de proportionnalité entre la représentation par parti politique à l'Assemblée nationale, d'une part, et la variable *population* - nombre d'habitants - par sites d'installation, d'autre part.
Ensuite, pour des raisons pratiques d'espace sur le papier, il a été choisi arbitrairement de ne créer des colonnes sur ces tableaux synoptiques que pour des partis politiques qui avaient fait élire au moins 2 députés.

4.2.2. De l'analyse simultanée des deux tableaux synoptiques se dégagent les constats ci-après.

Trois grands partis occupent le devant de la scène politique nationale, dans le même classement numéral ordinal aussi bien en 1992 qu'en juin 1993. Il s'agit notamment de l'U.PA.D.S., du M.C.D.D.I. et du P.C.T. représentant respectivement 33,33 %, 24,16 % et 15,83 % en 1992 et 40 %, 17,60 % et 16,80 % en 1993. Les deux scrutins à l'issue desquels se sont dessinées deux configurations différentes de l'Assemblée nationale se sont évidemment déroulés dans des contextes sociopolitiques différents.
Les premières élections législatives ont été organisées dans le climat d'euphorie politique, d'après la tenue de la Conférence nationale souveraine (C.N.S.), qui s'est caractérisée, entre autres, par la diabolisation orchestrée de l'ancien parti unique marxiste léniniste et l'indexation spectaculaire des « anciens dignitaires » ou « caciques » - ainsi sont désignés et vilipendés les dirigeants du P.C.T. - et par la montée en flèche des nouveaux partis politiques et de leurs dirigeants composés essentiellement par des acteurs politiques qui étaient, soit non admis au parti unique pour « incompatibilité idéologique », soit écartés de celui-ci pour « inconséquence idéologique ». Cette espèce de revanche contre l'ancien parti unique se confirme par le modeste score du P.C.T., très en dessous du cinquième de l'ensemble des sièges à l'Assemblée nationale - 15,83 %, soit 19 députés - et très inférieur aux scores confortables de l'U.PA.D.S. - 33,33 %, soit 40 députés - et du M.C.D.D.I. - 24,16 %, soit 29 députés. Les autres formations politiques réalisent des scores relativement moindres : le R.D.P.S. : 7,50 %, soit 9 députés ; le R.D.D. : 4,17%, soit 5 députés ; et l'U.F.D. : 1,67 %, soit 2 députés. Enfin, il conviendrait de noter la présence d'un regroupement hétéroclite et informel de députés dénommés sous le label d'indépendants composés de 6 élus, soit 5 % des sièges à l'hémicycle.

4.2.3. Une lecture attentive des résultats des principaux partis politiques lors du premier scrutin législatif fait apparaître un phénomène général : le repli régional et identitaire qui pourrait s'expliquer à la fois par le relâchement de la référence idéologique contraignante - la fin de l'idéologie officielle, le marxisme-léninisme - et par les objectifs de la campagne électorale - on a plus de chance d'être élu dans une contrée où l'on a un passé reconnu.

Ainsi, l'U.PA.D.S. réalise 97,50 % de ses résultats, soit 39 sièges sur un total de 40, uniquement dans la zone sud du pays. Il obtient 100 % des sièges, soit 14 députés sur 14 dans la région du Niari dont son président, le futur président de la République Pascal Lissouba, est originaire ; 83,33 %, soit 5 députés sur 6 dans la Lékoumou ; 81,25 %, soit 13 députés sur 15 dans la Bouenza et 36,84 %, soit 7 députés sur 19 dans le Kouilou, particulièrement à Pointe-Noire.

Le M.C.D.D.I., dont le leader Bernard Kolélas est originaire de la région du Pool, réalise 75,86 % de son score, soit 22 députés sur 29 dans cette région et à Brazzaville sud (Bacongo, Makelekele et Mfilou) qui apparaît, en réalité, comme une excroissance de la région du Pool. Le M.C.D.D.I. obtient, en outre, 24,14 %, soit 7 députés à Ouenze, Moungali et Poto-Poto.

Le P.C.T., dont le leader Denis Sassou Nguesso est originaire de la région de la Cuvette, obtient 64,42 % de ses résultats, soit 13 députés, dans la partie septentrionale du pays. Le complément de 31,58 %, soit 6 députés, provient de Brazzaville nord (les arrondissements de Talangaï, Ouenze et Poto-Poto).

Le R.D.P.S. de Jean Pierre Thystère Tchicaya, originaire du Kouilou réalise 100 %, soit 9 députés, uniquement dans sa région natale. Il en va de même pour l'U.F.D. qui obtient 100%, la totalité de ses scores, soit 2 députés, dans les Plateaux, la région natale de son président Charles David Ganao.

Le R.D.D., dont le leader, Jacques Joachim Yhombi Opango, est originaire de la région de la Cuvette, réalise tous ses résultats dans la partie septentrionale du pays : 80 %, soit 4 députés, dans sa région natale ; et 20 %, soit 1 député, dans la région de la Sangha.

4.2.4. Le deuxième scrutin législatif, les élections anticipées de 1993, avaient pourvu l'Assemblée nationale de la totalité des

125 députés, mais la configuration de l'hémicycle en termes de sièges par parti politique avait été effectivement bouleversée.

En fait, ces élections législatives, comme le sous-entend le qualificatif « *anticipées* », ont été évidemment organisées dans un contexte extraordinaire, un climat de crispation politique général découlant de la motion de censure du gouvernement de Maurice Stéphane Bongho Nouarra suivie par la dissolution de l'Assemblée nationale.

Les résultats des élections législatives anticipées ont remodelé fondamentalement le champ politique congolais, surtout avec la disparition des considérations et des accointances idéologiques. L'espace politique se retrouve scindé en deux camps antagonistes : celui de la majorité présidentielle, de Pascal Lissouba élu président de la République avec 61,33 % des voix, désigné sous la dénomination mythique de « mouvance présidentielle » et celui de la coalition, doublement revancharde du déçu de la mauvaise application de l'accord électoral par l'U.PA.D.S., - le P.C.T. - et le perdant de l'élection présidentielle - le M.C.D.D.I. - désigné sous l'appellation d' « alliance M.C.D.D.I. - U.R.D., P.C.T. et apparentés, le socle de l'unité nationale ».

Les résultats des élections législatives ne modifient pas fondamentalement le classement numéral ordinal des partis politiques.

L'U.PA.D.S. fait une ascension remarquable, par rapport à 1992, passant de 40 à 50 sièges à l'Assemblée nationale. Le M.C.D.D.I. décline de 29 à 22 sièges. Le P.C.T. fait une remontée sensible de 19 à 21 sièges. Le score du R.D.P.S. décroît de 9 à 6 sièges. Celui du R.D.D. passe de 5 à 6 sièges. L'U.D.R. Mwinda d'André Milongo fait son apparition dans le champ politique national avec 6 sièges, et l'U.F.D. passe de 2 sièges en 1992 à 4 en 1993.

S'agissant de la répartition territoriale des résultats de chaque parti politique, on constate que, dans ce climat de tension suprême, de crise politique aiguë, les enjeux politiques nouveaux ont, semble-t-il, repris le dessus sur les considérations purement identitaires, chaque parti politique se sentant obligé d'élargir sa zone d'influence afin d'obtenir le plus de sièges à l'hémicycle. Les clivages régionaux en termes de nord et sud du pays semblent s'atténuer et céder le pas à des considérations politiques pragmatiques.

L'U.PA.D.S. conserve sa suprématie dans la zone sud du pays ; même s'il perd 1 siège dans le Kouilou, il en gagne 1, respectivement, dans la Lekoumou et dans la Bouenza.

Ainsi, dans la zone sud, ce parti rafle la totalité des sièges dans le Niari et dans la Lekoumou, soit respectivement 14 et 6 députés. Il réalise un taux de 93,75 %, soit 15 sièges sur 16, dans la Bouenza ; et un score de 31,58 %, soit 6 sièges sur 19, dans le Kouilou.

L'U.PA.D.S. fait une percée relativement remarquable dans la partie nord en obtenant un score de 25 %, soit 8 sièges répartis ainsi qu'il suit : 4 dans la Cuvette, 2 respectivement dans la Sangha et la Likouala.

Le M.C.D.D.I., en obtenant un score de 17,60 %, soit 22 députés, est le grand perdant des élections législatives anticipées. Effectivement, ce parti perd 7 sièges à l'Assemblée nationale qui se décompose comme ci-après : 1, respectivement, dans le Kouilou et dans le Pool, et 5 à Brazzaville dont 1 à Poto-Poto, 3 à Moungali et 3 à Ouenze. Un constat remarquable : aussi bien en 1992 qu'en 1993, le M.C.D.D.I. n'a jamais réussi à faire élire un seul député dans la partie septentrionale du pays.

En effectuant une remontée de 15,83 % à 16,80 %, passant de 19 députés à 21, l'alliance P.C.T.-U.R.D. gagne 6 sièges dans le Kouilou et 1 à Poto-Poto (Brazzaville nord). Par contre, cette alliance perd 1 siège dans la Sangha, 3 dans la Likouala et 1 à Talangaï (Brazzaville nord).

Le R.D.P.S. n'effectue aucun gain de siège ; par contre, il perd plus de la moitié de ses sièges de 1992, soit dans 5 circonscriptions sur 9.

Le R.D.D. améliore légèrement son score en gagnant 1 siège dans la Likouala. Il totalise ainsi 6 députés à l'Assemblée nationale.

Il en va de même pour l'U.F.D. qui perd, cependant, 1 siège dans les Plateaux mais gagne 2 dans le Pool et 1 à Talangaï (Brazzaville nord), au détriment du P.C.T.

A titre de rappel, la colonne intitulée « *Autres partis* » est un regroupement statistique des partis politiques ayant réalisé un résultat en dessous de 4 sièges. Elle ne saurait, en aucune façon, être confondue à cette autre rubrique « *Indépendants* » du tableau synoptique des pages 29 et 30 qui traduit l'état d'esprit de l'époque. A la suite de la motion de censure et la dissolution de l'Assemblée Nationale, la situation politique s'étant carrément corsée en se scindant en deux camps radicalement et diamétralement opposés, aucune fantaisie ou esthétique politique s'autoproclamant indépendant n'avait plus de chance de remporter de siège électoral.

Deuxième partie

Les élections législatives de 2002

Entre 1992 et 2002, il s'est ainsi écoulé une décennie marquée dans notre pays par des évènements importants, des crises politiques suivies par les guerres civiles de 1993, 1997 et 1998. Pendant cette période trouble, des évolutions normales - l'accroissement naturel de la population - et des changements voulus - les modifications administratives et l'élaboration d'une nouvelle législation électorale mise en place par les décideurs politiques - sont intervenus dans le champ politique national.
Les élections législatives de 2002 se sont déroulées dans le contexte sociopolitique, d'après la victoire militaire du 15 octobre 1997, caractérisé par une atmosphère générale de frayeur sous le spectre du retour éventuel de la guerre, alibi souvent brandi par les hommes du pouvoir pour atteindre leurs objectifs.
Toute l'organisation des élections apparaissait problématique, mais l'essentiel était clairement et publiquement affirmé par le pouvoir politique : « transformer la victoire militaire en victoire politique ». Cela se vérifie concrètement au niveau de la procédure du découpage électoral à travers le nouveau cadre légal, l'exploitation des changements intervenus dans l'administration territoriale entre 1992 et 2002 et le refus volontaire de se conformer aux modalités d'équité qui ont fait l'objet du consensus pour l'organisation des élections législatives de 1992.

Chapitre 1
Les évolutions intervenues au sein de la population

1.1. Le constat

On continue à déplorer le fait que les résultats du recensement administratif de la population globale de 2002 n'eussent pas été mis à la disposition du public et eussent été considérés par le ministère de l'Intérieur, de la Sécurité et de l'Administration du territoire de l'époque comme un secret d'Etat. La seule base statistique rendue disponible au mois de mai 2002, sur le site internet du gouvernement, qui permette une analyse politique furent les chiffres du référendum constitutionnel du 20 janvier 2002.

Un rapprochement peut être ainsi fait à titre de comparaison entre le nombre d'électeurs de 2002 et les chiffres des recensements des années 1974, 1984 et 1996.

La lecture attentive des chiffres disponibles fait apparaître des anomalies grotesques. En se basant sur le tableau n° 3 (cf. annexes : pages 111 à 114) et en rapprochant les éléments du recensement de 1996 et les inscrits au dernier référendum, quelques difficultés surgissent dans certaines localités et départements. A titre d'illustration, à Ouesso le nombre d'électeurs inscrits (19.423) dépasse celui du recensement général de la population de 1996 (17.784). Ces deux catégories de chiffres sont pratiquement égales (138.534 inscrits en 2002 contre 139.371 au recensement général de 1996) dans le département des Plateaux.

1.2. L'analyse et le commentaire

En comparant par localité et par département, les pourcentages des électeurs du référendum de 2002 avec ceux des législatives de 1992, l'accroissement mathématique des inscrits serait de 2 % à 118,68 %. Les taux d'accroissement de la population électrice se situeraient dans la partie sud du pays à : 2 % dans la Lekoumou, 15 % dans le Pool, 16 % dans le Niari, 32,03 dans le Kouilou (y compris Pointe-Noire) et enfin 47,49 % dans la Bouenza.

Dans la partie septentrionale, le constat d'ensemble est réellement surprenant. Le taux le plus bas serait de 32,75 %, celui de l'ancienne Cuvette. Ce chiffre est pratiquement identique à celui de Brazzaville (33,81 %). Ainsi, la population électrice se serait accrue de 80 % dans les Plateaux, de 90,09 % dans la Sangha et de 118,68 % dans la Likouala.

Cette même hiérarchie des chiffres s'observe en procédant à la comparaison des électeurs de 2002 à ceux des communales de 1993.

Le total des inscrits aurait accru de 11,45 % dans la Lekoumou, 17,72 % dans le Niari, 19,47 % dans le Pool, 46,75 % dans la Bouenza, 46,91 % dans le Kouilou et dans la partie nord, de 49,17 % dans la Cuvette, 89,55 % dans les Plateaux, 124,08 % dans la Sangha et 142,69 % dans la Likouala.

Au terme de cette succincte revue chiffrée, on peut objecter que l'augmentation de la population dans les deux métropoles Brazzaville et Pointe-Noire peut s'expliquer aisément par l'exode qui a drainé les populations de la zone sud du pays vers ces deux villes du fait des guerres de 1997 et surtout 1998. On éprouve, par contre, beaucoup plus de difficultés à bâtir des hypothèses rationnelles concernant les taux d'accroissement mathématiquement exorbitants dans la partie septentrionale du pays. La référence aux différentes approches démographiques ne peut rendre compte de cet état de fait.

Effectivement, sur le plan démographique, les grandes répartitions de la population se recoupent selon les données de 1992 et celles de 2002. En découpant le territoire national en trois ensembles populationnels : sud, nord et Brazzaville, les tendances globales sont respectées à la lecture du tableau synoptique ci-après.

1.3. La répartition tripolaire de la population électrice (corps électoral)

Années	1992		2002	
Localisation	Population	%	Population	%
A) **Zone sud**				
Kouilou	274.302	20,58	365.781	21,32
Niari	115.965	8,70	120.653	7,03
Lékoumou	41.588	3,12	43.043	2,51
Bouenza	115.827	8,70	164.413	9,58
Pool	115.760	8,69	132.127	7,70
Total	**663.442**	**49,79**	**826.071**	**48,17**
B)**Partie nord**				
Plateaux	78.438	5,89	138.534	8,07
Cuvette	92.894	6,97	75.714	4,41
Cuvette-ouest			42.472	2,48
Sangha	29.480	2,21	55.146	3,21
Likouala	22.280	1,67	47.688	2,78
Total	**223.092**	**16,74**	**359.554**	**20,95**
Brazzaville	**446.047**	**33,47**	**530.423**	**30,91**
CONGO	**1.332.581**	**100**	**1.715.994**	**100**

La lecture du tableau synoptique ci-dessus fait ressortir qu'en 1992 la zone sud du pays représentait la moitié de la population totale (49,79 %). En 2002, elle aurait décliné de 1,65 % pour représenter 48,14 %. La partie nord serait passée spectaculairement de 16,74 % en 1992 à 20,95 % en 2002, soit le seul total d'accroissement le plus élevé du triptyque national (+ 4,21 %).

Concernant la capitale, celle-ci a vu sa population augmenter de 84.376 habitants électeurs malgré l'exode massif en provenance de la zone sud, son pourcentage d'accroissement aurait cependant décliné de 2,56 %, passant de 33,47 % en 1992 à 30,91 % en 2002.

Chapitre 2
Les modifications intervenues au sein de l'administration territoriale

2.1. La présentation des données

Dans l'administration territoriale, des changements notables sont intervenus entre 1992 et 2002. Tous les postes de contrôle administratif (P.C.A.) ont été transformés en districts ; ce qui donne lieu à des incidences évidentes sur l'organisation des élections législatives à travers les modalités de découpage des circonscriptions.

Voici, ci-après, le tableau récapitulatif des anciens et nouveaux districts ainsi que le nombre de circonscriptions électorales de 1992. En se basant par hypothèse d'analyse sur la logique et les modalités de la loi n° 001 – 92 du 21 janvier 1992, on aboutit au constat regrettable des différences d'affectation selon les circonscriptions électorales, des injustices flagrantes entre des districts ou arrondissements dont le nombre de circonscriptions a été, par extraordinaire, augmenté et d'autres dont le nombre a été plutôt diminué.

Départements	Anciens districts	Circonscriptions 1992	Nouveaux districts	Nouveaux sièges 2002
	Mvouti	2	Tchimba	1
	Hinda	3 - 1	Nzassi	
	Madingou-Kayes	1	Nzambi	1
	Kakamoeka	1		
Kouilou	Pointe-Noire			
	-Lumumba	3		
	-Mvoumvou	2		
	-Loandjili	3		
	-Tié-Tié	4 - 1		
	Sous-total	19		2 **21**
	Kimongo	1	Londela-Kayes	1
	Mayoko	1	Mbinda	1
Niari	Moutamba	2	Yaya	0

Niari (suite)	Kibangou	1	Banda	1	
	Louvakou	3 - 2	Moungoundou		
	Mossendjo	1	Nord	1	
	Divenié	2	Moungoundou		
	Dolisie	2	Sud	1	
	- Arrondissemt I	1 - 1	Nyanga	0	
	- Arrondissemet II		Makabana	1	
	Sous-total	14		6	**20**
Lékoumou	Komono	1	Mayéyé	0	
	Zanaga	1			
	Bambama	1			
	Sibiti	3			
	Sous-total	6		**0**	**6**
Bouenza	Nkayi	2 - 1	Yamba	0	
	Boko-Songo	1	Tsiaki	0	
	Kayes	1	Mabombo	0	
	Mfouati	2 - 1	Kingoué	0	
	Madingou	3			
	Loudima	2 - 1			
	Mouyondzi	5 - 2			
	Sous-total	16		0	**16**
Pool	Kinkala	4 - 1	Louingui	0	
	Boko	2	Loumo	1	
	Mindouli	3 - 1	Mbanza		
	Mayama	1	Ndounga	1	
	Ngabé	1	Kimba	0	
	Kindamba	2	Vindza	0	
	Goma Tsé-Tsé	3 - 2	Ignié	0	
	Sous-total	16		2	**18**
Plateaux	Lekana	1	Ollombo	0 + 1	
	Abala	2	Ongongni	0	
	Djambala	2	Mbon	1	
	Gamboma	3 + 1	Ngo	0	
			Mpouya	1	
			Makotipoko	0	
			Allembé	1	
	Sous-total	8		3	**11**

Cuvette	Boundji	1	Ngoko	1	
	Oyo	1	Tchikapika	0	
	Loukolela	1	Ntokou	0	
	Owando	2			
	Makoua	2			
	Mossaka	2 + 1			
	Sous-total	9		1	**10**
Cuvette-ouest	Okoyo	1	Etoumbi	0	
	Ewo	2 + 1	Mbama	0	
	Mbomo	1			
	Kellé	2			
	Sous-total	6		0	**6**
Sangha	Ouesso	1	Ngabala	1	
	Sembé	1	Pikounda	1	
	Mokéko	1			
	Souanké	1			
	Sous-total	4		2	**6**
Likouala	Dongou	2	Enyellé	0	
	Epéna	1 + 1	Betou	1	
	Impfondo	2	Liranga	0	
			Bouanela	1	
	Sous-total	5		2	7
Brazzaville	Mfilou	2			
	Talangaï	4 + 1		1	
	Ouenze	4			
	Moungali	3			
	Poto-Poto	3			
	Bacongo	2			
	Makelekele	4		1	
	Sous-total	22		2	**24**
CONGO		125		**145**	

Légende : - Suppression de circonscriptions en 2002.
+ Augmentation de sièges en 2002.
0 Sans modification car déjà pris en compte en 1992.

La lecture du tableau ci-dessus amène au constat suivant : si la logique du Conseil Supérieur de la République (C.S.R.) de 1991-1992 et les modalités de la loi n° 001 – 92 du 21 janvier 1992 avaient été respectées, on aurait obtenu, pour chaque département, les sous-totaux susmentionnés, et pour l'ensemble du pays, le chiffre de 145 circonscriptions électorales.

2.2. Le cadre légal

Il s'agit de la loi n° 9 – 2001 du 10 décembre 2001et de son article 54. Ce dernier est volontairement laconique et fixe d'avance le nombre de sièges à l'Assemblée nationale. La loi ne détermine ni les critères ni la procédure permettant un découpage objectif et responsable.

Voici l'intégralité du texte de cet article 54 : « Le nombre de sièges à l'Assemblée nationale est fixé à 137. Un décret en conseil des ministres détermine les différentes circonscriptions électorales ».

Selon le compte rendu du conseil des ministres du 22 mars 2002, le gouvernement s'est donné ses critères de référence pour son découpage électoral, à savoir le critère démographique pour tout le pays, et le facteur enclavement pour les zones rurales.

Le gouvernement ne précise ni les contours ni le contenu de ses critères de référence qui apparaissent plutôt flous sinon fallacieux.

2.3. L'analyse et le commentaire

Quels sont les départements qui ont été avantagés par le découpage électoral de 2002 ? Quels sont ceux qui ont perdu des circonscriptions par rapport au découpage électoral de 1992 ?

Le tableau statistique ci-après le démontre à suffisance.

2.3.1. Le tableau synoptique des différences entre les circonscriptions électorales de 1992 et de 2002

Localisations	Anciennes circons-criptions 1992	Nouvelles Localités	Total attendu (a)	Circons-criptions réelles 2002 (b)	Différences (b – a)
A) Zone sud					
Pool	16	2	18	14	- 4
Bouenza	16	0	16	11	- 5
Lékoumou	6	0	6	6	0
Niari	14	6	20	17	- 3
Kouilou	19	2	21	19	- 2
Sous-total	**71**	**10**	**81**	**67**	**- 14**
B) Partie nord					
Plateaux	8	3	11	13	+ 2
Cuvette	9	1	10	11	+ 1
Cuvette-ouest	6	0	6	7	+ 1
Sangha	4	2	6	6	0
Likouala	5	2	7	8	+ 1
Sous-total	**32**	**8**	**40**	**45**	**+ 5**
C) Brazzaville					
Mfilou	2	0	2	2	0
Talangaï	4	1	5	6	+ 1
Ouenze	4	0	4	4	0
Moungali	3	0	3	3	0
Poto-Poto	2	0	3	3	0
Bacongo	2	0	2	2	0
Makelekele	4	1	5	5	0
Sous-total	**22**	**2**	**24**	**25**	**+ 1**
CONGO	**125**	**20**	**24**	**137**	**- 8**

2.3.2. Le récapitulatif des pertes et des gains de sièges en 2002 par rapport à 1992

Nombres	Départements/Communes	Districts/ Arrondissements
	A) **Zone sud**	
- 2	KOUILOU	Hinda (2 au lieu de 3) Tié-Tié (3 au lieu de 4)
- 3	NIARI	Dolisie (2 au lieu de 3) Louvakou (1 au lieu de 3)
- 5	BOUENZA	Nkayi (1 au lieu de 2) Mfouati (1 au lieu de 2) Loudima (1 au lieu de 2) Mouyondzi (1 au lieu de 3)
- 4	POOL	Kinkala (1 au lieu de 2) Mindouli (2 au lieu de 3) Ngoma Tsé-Tsé (1 au lieu de 3)
- 14	**TOTAL**	
	B) **Partie nord**	
+ 2	PLATEAUX	Gamboma (2 au lieu de 1) Ollombo (2 au lieu de 1)
+ 1	CUVETTE	Mossaka (2 au lieu de 1)
+ 1	CUVETTE-OUEST	Ewo (2 au lieu de 1)
+1	LIKOUALA	Epéna (2 au lieu de 1)
+ 5	**TOTAL**	
+ 1	C) Brazzaville TALANGAI	Si la population augmente, le nombre maximal de sièges est de 5 (arrondissement de plus de 120.000 habitants).
- 8	**CONGO**	

La lecture comparative des résultats des découpages électoraux de 1992 et de 2002 fait apparaître trois catégories de départements dans le pays.

La première catégorie est celle des départements qui ont gagné des sièges électoraux, la deuxième, celle de ceux qui sont restés sans changement (la Lekoumou au sud et la Sangha au nord) et la troisième, celle de ceux qui ont perdu des circonscriptions électorales.

Curieusement, toutes celles qui ont gagné des circonscriptions se retrouvent dans la partie septentrionale, et celles qui ont perdu des sièges se situent dans la zone sud du pays.

Egalement dans la ville de Brazzaville, le nombre de sièges le plus élevé se trouve dans la zone nord : à Talangaï avec 6 circonscriptions électorales (1 circonscription de plus par rapport aux modalités de 1992).

Aussi bien dans la partie septentrionale du pays qu'à Brazzaville nord, l'augmentation du nombre des sièges électoraux qui s'appuierait sur une courbe ascendante de la population supérieure à celle des autres quartiers et des autres départements du pays ne saurait s'expliquer ni par un effet d'exode massif vers ces contrées ni par celui d'une reproduction naturelle de la population supérieure à celle des autres départements ou quartiers de la capitale.

En réalité, les raisons sont à rechercher ailleurs, dans des manipulations ethno-régionales des textes de base du découpage électoral.

L'impression qui se dégage, en définitive, c'est la volonté manifeste du pouvoir d'ériger l'arbitraire et le cynisme en système de gestion politique, et cela dans tous les domaines la vie nationale, même dans celui des élections législatives où les enjeux individuels et/ou partisans et les risques d'affrontement sont réellement importants.

Ainsi, de la même manière que le gouvernement a voulu, par le recensement administratif, minorer la population électrice de la zone sud et majorer le nombre d'électeurs de la partie nord, il a pris délibérément la décision de supprimer des sièges à l'Assemblée nationale pour les départements méridionaux et d'en augmenter sans justification convaincante dans la partie septentrionale.

En faisant la part des choses, le seul critère réel à la base du découpage électoral auquel le gouvernement n'a pas failli, c'est la prise en compte de la référence « *district* » dans l'ensemble du pays.

Mais, s'il fallait appliquer le critère démographique aux districts d'Ollombo, Gamboma, Mossaka, Ewo ou Epéna, il va de soi que ces localités ne pouvaient, en aucun cas, obtenir plus d'un siège à l'Assemblée nationale. Comment pourrait - on comprendre, à titre d'illustration, que des districts moins peuplés comme Epéna avec 17.000 habitants, Ewo avec 20.000 habitants, Ollombo avec 21.000 habitants, ont, chacune, deux circonscriptions électorales au même titre que Mindouli qui a 53.000 habitants, alors que des districts plus peuplées comme Loudima avec 32.000 habitants, Kinkala avec 34.000 habitants, Mouyondzi avec 36.000 habitants, Madingou avec 63.000 habitants et la commune de Nkayi avec 72.000 habitants, n'ont, chacune, qu'une seule circonscription électorale ?

Quant au critère « *enclavement* » évoqué par le conseil des ministres du 22 mars 2002, le siège supplémentaire compense-t-il le déplacement du député de Brazzaville ou Pointe-Noire – puisque tous les députés résident en ville – à la localité en question ou du chef-lieu du département à la circonscription électorale dont il s'agit ? On aurait pu envisager, pour pallier cette difficulté, de multiplier le nombre de bureaux de vote pour éviter de longs déplacements aux électeurs.

A titre d'étude de cas, puisqu'on ne peut ne pas écarter le facteur démographique pour la situation spécifique du district d'Ollombo, comment peut-on expliquer et motiver le gain d'un siège supplémentaire par le facteur dit « *enclavement* » qui soutiendrait l'argumentation pour ce district qui se situe sur le bitume de la nationale II et qui abrite un aéroport de classe internationale

Chapitre 3
Des considérations globales

Il s'agit, ici, d'examiner un certain nombre de considérations générales, d'analyser les rapports entre la population électrice et le nombre de circonscriptions aux élections législatives de 1992 et 2002, et de dégager des ratios qui permettent de démontrer, preuves à l'appui, des évolutions reflétant des attitudes politiciennes et les comportements ethno-régionaux des gouvernants de la République.

Cependant, on constate que le tableau comparatif effectif de 1992 et virtuel de 2002, ci-après, des découpages électoraux, tous les deux dans une seule logique des critères et des modalités de la procédure du découpage édicté par la loi électoral de 1992, fait ressortir une certaine harmonie - malgré les tripatouillages du recensement administratif de 2001 duquel le ministère de l'Intérieur, de la Sécurité et de l'Administration du territoire, de l'époque, a dégagé le nombre d'électeurs, c'est-à-dire le corps électoral - entre les grands équilibres régionaux de la population et la répartition des circonscriptions électorales.

Ainsi, la zone sud du pays qui représente la moitié de la population congolaise a un pourcentage constant et normal de sièges, soit 56,80 % en 1992 et 55,86 % en 2002 ; la variation est évidemment infime, moins de 1 %.

Il en va de même pour la partie nord : 25,60 % en 1992 et 27,58 % en 2002, soit une variation surprenante, car positive même si elle paraît insignifiante, de près de 2 %.

Le même genre de constat s'applique à l'agglomération de Brazzaville : 17,60 % en 1992 et 16,56 % en 2002. Ici également, la variation, même négative, est anodine (-1 %).
De façon plus concrète, on peut résumer le propos en indiquant que la zone sud, qui représente, en réalité, la moitié de la population du pays, aurait pu avoir droit à 81 sièges à l'Assemblée

nationale, la partie nord, correspondant à près de 20 % - le cinquième de la population totale – bénéficierait de 40 sièges, soit la moitié de la zone sud, et Brazzaville, de 24 sièges pour ne pas pénaliser l'hinterland.

Le tableau synoptique ci-après est une belle illustration de l'aspect scientifique et du caractère objectif de la démarche mise en place par le Conseil Supérieur de la République (C.S.R.), de juin 1991 à septembre 1992, remise en question et écartée par le Conseil National de Transition (C.N.T.) et le gouvernement de la transition de 1997 à 2002.

3.1. La répartition tripolaire de la population électrice et des circonscriptions aux législatives de 1992 et 2002

	1992				2002				
Localisation	Population	%	Circons-criptions	% (a)	Population	%	Circons-criptions attendues	% (b)	Différences de ratios (b – a)
A) **Zone**									
sud	115.70	8,69	16	12,80	132.127	7,70	18	12,41	- 0,39
Pool	115.87	8,70	16	12,80	164.413	9,58	16	11,04	- 1,76
Bouenza	41.588	3,12	6	4,80	43.043	2,51	6	4,14	- 0,66
Lekoumou	115.95	8,70	14	11,20	120.653	7,03	20	13,79	+ 2,59
Niari	274.32	20,58	19	15,20	365.781	21,32	21	14,48	- 0,72
Kouilou									
Sous-total	**663.42**	**49,79**	**71**	**56,80**	**826.017**	**48,17**	**81**	**55,86**	**- 0,94**
B) **Partie**									
nord									
Plateaux	78.438	5,89	8	6,40	138.534	8,07	11	7,59	+ 1,19
Cuvette	92.894	6,97	15	12,00	75.714	4,41	10	6,90	- 5,1
Cuvette-					42.472	2,48	6	4,13	+ 4,13
ouest	29.480	2,21	4	3,20	55.146	3,21	6	4,13	+ 0,93
Sangha	22.280	1,67	5	4,00	47.688	2,78	7	4,83	+ 0,83
Likouala									
Sous-total	**223.092**	**16,74**	**32**	**25,60**	**359.554**	**20,95**	**40**	**27,58**	**+ 1,98**

C) Brazza-ville	446.047	33,47	22	17,60	530.423	30,91	24	16,56	- 1,04
CONGO	1.332.581	100	125	100	11.715.994	100	145	100	0

3.2. La répartition tripolaire de la population électrice et des circonscriptions aux législatives de 2002

Localisation	Population	%	Circonscriptions Réelles	% (a)	Circonscriptions attendues	% (b)	Différences de ratios (b – a)
A) Zone sud							
Pool	132.127	7,70	14	10,22	18	12,41	- 2,19
Bouenza	164.413	9,58	11	8,03	16	11,04	- 3,01
Lekoumou	43.043	2,51	6	4,38	6	4,14	+ 0,24
Niari	120.653	7,03	17	12,40	20	13,79	- 1,39
Kouilou	365.781	21,32	19	13,87	21	14,48	- 0,61
Sous-total	**826.017**	**48,17**	**67**	**48,90**	**81**	**55,86**	**- 6,96**
B) Partie nord							
Plateaux	138.534	8,07	13	9,49	11	7,59	+ 1,90
Cuvette	75.714	4,41	11	8,03	10	6,90	+ 1,13
Cuvette-ouest	42.472	2,48	7	5,11	6	4,13	+ 0,98
Sangha	55.146	3,21	6	4,38	6	4,13	+ 0,25
Likouala	47.688	2,78	8	5,84	7	4,83	+ 1,01
Sous-total	**359.554**	**20,95**	**45**	**32,85**	**40**	**27,58**	**+ 5,27**
C) Brazzaville	**530.423**	**30,91**	**25**	**18,25**	**24**	**16,56**	**+ 1,69**
CONGO	**1.715.994**	**100**	**137**	**100**	**145**	**100**	**0**

Le tableau synoptique ci-dessus met face à face les circonscriptions réelles du découpage de 2002 et les circonscriptions virtuelles ou attendues en application de la loi électorale de 1992. Il fait apparaître en relief les déséquilibres générés par la pratique régionaliste du gouvernement de transition qui systématise le cynisme politique.

On a abouti au fait regrettable que la zone sud est sous-représentée, de – 6,96 %, ou en arrondissant – 7 %, à l'Assemblée nationale par rapport à sa population, et la partie nord est surreprésentée, de + 5,27 % ou, en arrondissant, + 5 %.
En valeur nominale, la zone sud du pays perd 14 sièges par rapport à ce qui devrait être fait, la partie nord en gagne 5 et l'arrondissement de Talangaï en gagne aussi 1 (cf. page 51).

En se référant à la dernière rubrique intitulée différences de ratios (b – a) du tableau synoptique ci-dessus, mathématiquement, l'équation se présenterait de la façon suivante : (- 14) + (+5) + (+ 1) = - 8. C'est concrètement ce dernier chiffre qui correspond au nombre des circonscriptions manquantes pour le pays au lieu de celui injustement dicté de 137 pour la législature de 2002. La prise en compte de ce chiffre - 8 et sa correction auraient permis de rééquilibrer aux niveaux régionaux le rapport entre la variable « *population* » et la variable « *circonscription* » électorale, simplement en retranchant, arithmétiquement, 5 sièges de trop dans la partie nord, 1 à Talangaï (Brazzaville) et en rajoutant 14 en moins dans la zone sud du pays.

En définitive, il conviendrait de mentionner que, malgré les manipulations politiciennes, l'action du ministère de l'Intérieur, de la Sécurité et de l'Administration territoriale n'a pas réussi à faire bouleverser fondamentalement les grandes répartitions régionales de la population.

Le fait que cette modeste et succincte étude aboutit à une suggestion de 145 sièges pour l'Assemblée nationale, avec la clé de répartition susmentionnée, n'est pas un choix politique. Ce chiffre est la résultante des modifications administratives intervenues dans le pays après 1992 et l'évolution du corps électoral, en se fondant sur la loi électorale du 21 janvier 1992.

Chapitre 4
Des considérations particulières : l'occupation des sièges à l'Assemblée nationale

4.1. La présentation des données

D'abord, il s'agit de constater quelle est, concrètement, la configuration de l'Assemblée nationale en termes de répartition des sièges entre les différents partis et groupements politiques et entre la zone sud, évidemment plus peuplée, d'une part, et la partie nord de notre pays, d'autre part, dans l'optique de prouver, une fois de plus, les manipulations et les injustices avérées du pouvoir de « La nouvelle espérance ».
Ensuite, on pourrait s'interroger sur la réalité ou le mythe du phénomène des fiefs électoraux qui illustrerait le lien personnel entre le leader, le chef de parti ou d'association, et sa sphère géographique d'origine.
L'arrêté n° 4224 du 9 août 2002, du ministère de l'Intérieur, de la Sécurité et de l'Administration du territoire, portant publication de la liste des députés élus à l'Assemblée nationale, constitue la base des données à partir de laquelle le tableau synoptique ci-après permet de répondre à ces diverses interrogations posées.

La répartition bipolaire des sièges à l'Assemblée nationale

Appartenance / Localisation	PCT	Indépendants	UDR Mwinda	RDPS	UPADS	Autres partis	Total sièges
A) **Zone sud**							
Brazza sud	2	3	1			2	8
Kouilou	2	3		6		8	19
Niari	1	7			2	7	17
Lékoumou	1	1			1	3	6
Bouenza		4			1	6	11
Pool sud		1	3				4
Sous-total	6	19	4	6	4	26	65
%	**9,23**	**29,24**	**6,15**	**9,23**	**6,15**	**40**	**100**
B)**Partie nord**							
Brazza nord	11	1	2			3	17
Pool nord	1					1	2
Plateaux	8					5	13
Cuvette	9					2	11
Cuvette-oues	4	1				2	7
Sangha	5	1					6
Likouala	7	1					8
Sous-total	45	4	2			13	64
%	**70,31**	**6,25**	**3,13**			**20,31**	**100**
CONGO	51	23	6	6	4	39	129
%	**39,53**	**17,82**	**4,65**	**4,65**	**3,11**	**30,24**	**100**

2002 : Assemblée nationale, 129 sièges

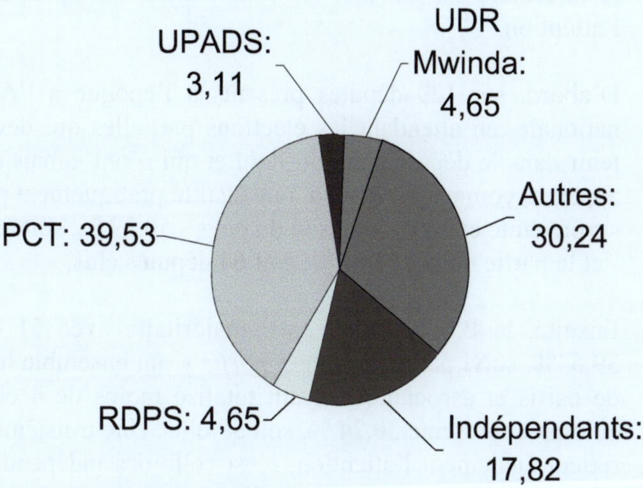

4.2. L'analyse et le commentaire

4.2.1. Le tableau synoptique ci-dessus présenté suscite deux observations élémentaires. La séparation volontairement effectuée en deux ensembles géographiques – en « *zone sud* et en *partie nord* », de l'espace national, dans le but affirmé de démontrer les pratiques ethno-régionalistes de l'équipe au pouvoir - amène à inclure dans la zone sud, en sus des départements de cette partie du pays, Brazzaville sud, c'est-à-dire les arrondissements de Makelekele, de Bacongo et de Mfilou I, et dans la partie nord, en dehors des départements de cette sphère, le Pool nord (Ignié et Ngabé) et Brazzaville nord, c'est-à-dire les arrondissements de Poto-Poto, de Moungali, de Ouenze, de Talangaï et de Mfilou II.

Pour des questions d'espace sur le papier, il a été choisi arbitrairement de ne créer de colonnes que pour des partis politiques qui ont fait élire au moins 4 députés.

A la lecture du tableau, les faits saillants ci-après retiennent l'attention.

D'abord, sur 129 députés présents à l'époque à l'Assemblée nationale, en attendant les élections partielles qui devraient se tenir dans le département du Pool et qui n'ont jamais eu lieu, il apparaît, comme par hasard, une égalité pratiquement parfaite et surprenante entre la zone sud du pays - 50,39 %, soit 65 députés - et la partie nord - 49,61 %, soit 64 députés élus.

Ensuite, le P.C.T. est le parti majoritaire avec 51 élus, soit 39,53%, suivi par les « *Autres partis* », un ensemble hétéroclite de partis et associations ayant totalisé moins de 4 élus. Cette colonne représente 30,24 %, soit 39 élus. Une troisième colonne retient également l'attention, c'est celle des indépendants avec 17,82%, soit 23 élus. L'U.D.R. Mwinda et le R.D.P.S. ont, chacun, 6 élus (4,65 %), et l'U.PA.D.S. en a 4 (3,10 % des élus).

4.2.2. S'agissant du parti majoritaire, l'on constate que l'étiquette du P.C.T. n'attire pas les foules dans la zone sud. Les membres et les sympathisants de ce parti ont souvent choisi de se présenter devant les électeurs sous le couvert des associations ou sous le subterfuge d'« indépendants » dans cette zone, quitte à réapparaître aux côtés de son parti à l'Assemblée nationale pour former le groupe de la majorité présidentielle.

Effectivement dans cette zone, les scores du P.C.T. ont été très minables : 6 députés, soit moins de 10 % du total des 65 élus dans cette partie. Le nombre de députés du parti majoritaire dans la zone sud représente à peine 12 % des effectifs du P.C.T., soit 4,65 % de l'ensemble des 129 députés présents à l'hémicycle. Par contre, dans la partie nord, le P.C.T. est représenté par 45 députés, soit 70,31 % du total des 64 élus de ce parti dans cette zone du pays.

On peut conclure allègrement que la quasi-totalité des élus du P.C.T. sont originaires de la partie septentrionale du pays, soit 88,24 % ; ce qui n'est pas loin des 100 % !

4.2.3. La colonne des élus dits « indépendants » est remarquable, 23 députés avec une majorité de 19 dans la zone sud. Selon la logique formelle du règlement intérieur de l'Assemblée nationale, les députés indépendants devraient, à seuls, former un groupe parlementaire que l'on appellerait des non-inscrits, puisqu'ils remplissent les conditions exigées, soit au moins 5 élus. Mais, ce n'est malheureusement pas le cas effectif.
En réalité, se rangent derrière cette étiquette d'« indépendants » face aux électeurs, des candidats qui ne souhaitent pas afficher leur affiliation à un parti politique, à cause de l'image négative de ce parti : c'est le cas dans la zone sud pour le P.C.T., ou ceux des candidats dont le parti avait déjà positionné un candidat officiel : c'est le cas le plus souvent rencontré dans la partie nord du pays, toujours pour le P.C.T.

A l'observation, près de 20 élus « indépendants » ont grossi les rangs du groupe parlementaire de la majorité présidentielle.

Un autre fait remarquable, c'est le phénomène du fief électoral qui établit le lien entre le chef ou le fondateur du parti ou d'association politique à son département ou sa localité d'origine. Ce que l'on venait de mentionner pour les élus du P.C.T., concernant la partie nord, l'est aussi valable pour les autres partis. Ainsi, l'U.D.R. Mwinda obtient 4 députés sur un total de 6 élus dans la zone sud (1 à Brazzaville sud et 3 dans le Pool), le R.D.P.S. : 4 à Pointe-Noire et 2 dans le Kouilou sur un total de 6 élus, l'U.PA.D.S. : 4 sur 4 dans le Grand Niari, l'U.D.D. : 2 sur 2 dans le Niari, l'A.P.C. : 2 sur 2 dans le Niari, l'U.P.D.P. : 2 sur 2 dans les Plateaux, l'U.R.N. : 2 sur 2 à Mossaka dans la Cuvette.

En considérant ce phénomène réel de fiefs électoraux, les élections législatives suivantes devraient poser de sérieuses préoccupations à la majorité au pouvoir dans la zone sud et même dans la partie nord, particulièrement au P.C.T., prétendu détenteur d'un fief aux dimensions régionales tentaculaires.

En somme, dans la zone sud, on se serait accordé sur le fait que le retour attendu en 2007 du M.C.D.D.I. et de l'U.PA.D.S. à Pointe-Noire et à Brazzaville, et dans leurs fiefs respectifs du Pool et du Grand Niari, allait modifier notablement les résultats des derniers scrutins. Dans la partie nord, il était bien entendu inconcevable que, dans les conditions normales d'organisation des élections, les résultats électoraux ne demeureraient pas exclusivement en faveur du P.C.T., avec la participation active du R.D.R. dans le Pool nord, de la C.N.D.D. et de l'U.P.R.N. dans les Plateaux, avec le duel R.D.D. et P.C.T. dans la Cuvette, le face-à-face R.D.D. et P.C.R., d'une part, et P.C.R. - P.C.T., d'autre part, dans la Cuvette-ouest et dans la Sangha, et avec l'engagement effectif du R.D.P.C., face au P.C.T., dans la Likouala.

Troisième partie

Les élections législatives de 2007

Les scrutins législatifs de 2007 se sont déroulés dans un contexte sociopolitique différent de celui de 2002.
Il conviendrait, effectivement, de rappeler que le climat sociopolitique qui a prévalu aux élections législatives de 2002 a beaucoup évolué depuis ce temps et s'est fondamentalement transformé. Les mentalités des populations ont véritablement changé et les partis d'opposition, en veilleuse à cette époque, ont activement repris du service. Ce qui pose le sérieux problème de la définition d'un nouveau cadre électoral impartial, acceptable consensuellement par toute la classe politique.

A propos des scrutins de 2002, c'est une évidence de rappeler qu'ils se sont tenus dans une conjoncture suffisamment défavorable aux partis politiques de l'opposition. En effet, suite à la victoire militaire de 1997 des Forces Démocratiques Unies (F.D.U.) qui devraient « transformer la victoire militaire en victoire politique », les partis politiques de l'opposition – les vaincus de la guerre – ont été laminés et systématiquement muselés par les vainqueurs – les dirigeants du nouveau pouvoir. Les élections législatives et présidentielles ont été préparées, organisées et tenues dans un climat de torpeur pour ces partis et dans une atmosphère générale d'intimidation et de frayeur sous le spectre du retour éventuel de la guerre.

En 2007, l'environnement international et la situation nationale ont radicalement changé. En Afrique, les crises tumultueuses du Togo et de la Côte-d'Ivoire, journellement rapportées avec fracas par les médias, ont eu un impact, une incidence psychologique sur les autres populations africaines et des répercussions politiques, à n'en point douter, dans des pays lointains y compris le nôtre où la résignation qui avait caractérisé les partis d'opposition s'est muée en prise de parole publique, dénonçant l'arbitraire et la mauvaise organisation des scrutins électoraux et exigeant une commission électorale indépendante, une nouvelle loi électorale et surtout un nouveau découpage électoral.

Chapitre 1
Le cadre légal

Afin de répondre aux demandes pressantes de l'opposition, des exigences de démocratie, et particulièrement d'équité en matière électorale, un nouveau cadre légal a été conçu par le gouvernement pour les élections législatives de 2007, consistant en la modification de la loi électorale n° 9 – 2001 du 10 décembre 2001.
Pour ce faire, des innovations en trompe-l'œil sont apportées, particulièrement aux articles n° 17 concernant la Commission Nationale d'Organisation des Elections (CO.N.EL.) et n° 54 à propos des circonscriptions électorales.

1.1. De la Commission Nationale d'Organisation des Elections

Voici, ci-après, le libellé intégral de l'ancien texte de l'article 17 :
« Il est créé une commission nationale d'organisation des élections.
« La commission nationale d'organisation des élections a pour missions d'organiser les élections, d'en garantir la transparence et la régularité. A ce titre, elle est chargée de :
- vérifier les listes électorales ;
- veiller au bon déroulement de la campagne électorale ;
- assurer le suivi des opérations électorales ;
- proposer à l'administration toute mesure susceptible de contribuer à la bonne tenue des élections ;
- centraliser les résultats électoraux en provenance des commissions locales ;
- transmettre les résultats au ministère de l'Intérieur et au juge constitutionnel ».

La nouvelle rédaction de l'article 17 est plus longue et paraît plus explicite, surtout, elle introduit un nouveau concept, celui d'« *indépendance* », à propos de la commission électorale réclamée à cor et à cri par les dirigeants des partis politiques d'oppo-

sition. Qu'en est-il en réalité ? Quel est le véritable contenu de ce nouveau vocable ?
L'analyse de la nouvelle mouture de l'article 54 ci-dessous est édifiante.
« Il est créé une Commission nationale d'organisation des élections, en abrégé CONEL.
« La Commission nationale d'organisation des élections est un organe indépendant doté de l'autonomie financière.
« Au sens de la présente loi, l'indépendance s'entend, de la capacité de fonctionner effectivement et de prendre des décisions concernant l'organisation, la gestion et la conduite des élections dans le respect des textes en vigueur.
« La commission nationale d'organisation des élections garantit l'impartialité, la transparence et la régularité des élections.
« A ce titre, elle a pour mission :

a) au stade des actes préparatoires exécutés par l'administration :

- de suivre et de veiller à l'accomplissement des actes préparatoires ;

b) au stade de l'organisation du scrutin :

- de veiller au bon déroulement de la campagne électorale ;
- d'assurer, de concert avec l'administration, la formation des membres des bureaux de vote ;
- d'assurer, de concert avec l'administration, la distribution des cartes électorales ;
- de vérifier et d'assurer l'affichage des listes électorales ;
- de concevoir et de mettre en œuvre, de concert avec l'administration, une campagne d'éducation civique et morale de la population sur les élections ;
- d'exécuter et d'assurer le suivi des opérations électorales ;
- de centraliser et de traiter les résultats électoraux en provenance des commissions locales ;
- de proposer à l'administration toutes mesures susceptibles de contribuer à la bonne tenue des élections ;
- de transmettre les résultats au ministère en charge des élections et au juge constitutionnel ».

A la suite de la lecture des deux textes, on pourrait faire deux sortes de remarques, sur la forme et sur le fond.
Au niveau de la forme, le premier texte est plus succinct – une phase d'énoncé, une autre d'explicitation et une dernière de développement, tandis que le deuxième est plus étoffé et plus complet et englobe tout le contenu du premier texte.
Au niveau du contenu, le deuxième texte se spécifie par la caractéristique de la Commission nationale d'organisation des élections à travers le qualificatif « *d'organe indépendant doté de l'autonomie financière* ».

Mais aussi surprenant que cela puisse paraître, l'indépendance de la commission s'avère plutôt restrictive par les précautions que s'imposent les rédacteurs du texte de loi. Ainsi, cette indépendance ne concerne que l'organisation pratique : la gestion et la conduite des élections dans le strict « *respect des textes en vigueur* », c'est-à-dire des décrets et des règlements iniques contestés par les partis politiques de l'opposition.

Cette Commission nationale d'organisation des élections n'est autorisée ni à concevoir l'organisation des élections, ni à exécuter les actes préparatoires. Paradoxalement, elle est qualifiée et chargée « *de suivre et de veiller à l'accomplissement des actes préparatoires* » qu'exécuterait l'administration du ministère de l'Intérieur.

1.2. Des circonscriptions électorales

Contrairement à l'article 17 qui a fait, tout de même, l'objet d'une nouvelle rédaction, par les concepteurs, des modifications de la loi électorale, le traitement accordé à l'article 54, relatif au découpage électoral désigné sous la terminologie de circonscriptions électorales, se présente comme un véritable jeu de dupes, une sorte de « *copier- coller* » - selon le langage informatique - de la totalité du texte du décret n° 2002 – 173 du 23 mars 2002 déterminant les circonscriptions électorales aux élections législatives de mai 2002 et fixant les limites de ces circonscriptions (cf. annexes : pages 128 à 139).

En des termes plus clairs, la démarche effectuée par le pouvoir apparaît comme une espèce de prestidigitation juridico-politicienne qui a consisté simplement à transformer le décret vilipendé par l'opposition - cette matière en querelle relevant du législateur et non de l'exécutif - en projet de loi finalement adopté, sans bavures, par une assemblée nationale à la dévotion du gouvernement.

Le seul petit exercice d'écriture effectué par les rédacteurs du nouvel article 54 a été la nouvelle appellation qui a consisté à remplacer la désignation de l'entité administrative *« région »* par celle de « *départemen*t » et la confection du nouveau chapeau d'une ligne ci-après : « Les limites des circonscriptions électorales pour les élections législatives sont déterminées ainsi qu'il suit : ».

Chapitre 2
La répartition territoriale des sièges à l'Assemblée nationale par parti politique

2.1. Le tableau synoptique du classement ordinal des sièges par parti ou groupement politique

Rang	Partis/Groupements	Sièges	Rang	Partis/Groupements	Sièges
1	PCT	48	11	UDPD	2
2	Indépendants	35	12	UP	2
3	MCDDI	11	13	UR	2
4	UPADS	11	14	CR	1
5	MAR	5	15	JEM	1
6	MSD	4	16	UDR Mwinda	1
7	APC	3	17	UFD	1
8	Club 2002 PUR	3	18	MDP	1
9	FDN	3	19	Parti la Vie	1
10	RDPS	2		**TOTAL**	**137**

2.2 Le tableau synoptique bipolaire des sièges à l'Assemblée nationale

Appartenances / Localisation	PCT	Indé-pendants	MCDDI	UPADS	MAR	MSD	Autres partis	Total sièges
A) **Zone sud**								
Kouilou	7	3			4		5	19
Niari	4	7		5	1			17
Lékoumou	1	3		2				6
Bouenza		3		4		1	3	11
Pool sud	2	4	5				1	12
Brazza sud		2	5				1	8
Sous-total	14	22	10	11	5	1	10	73 (53,28%)
%	**19,18**	**30,13**	**13,70**	**15,07**	**6,85**	**1,37**	**13,70**	**100**
B) **Partie nord**								
Brazza nord	8	3	1			1	4	17
Pool nord	1	2					1	2
Plateaux	7						4	13
Cuvette	10						1	11
Cuvette-ouest	2	2				2	1	7
Sangha	4	1					1	6
Likouala	2	5					1	8
Sous-total	34	13	1			3	13	64 (46,71%)
%	**53,13**	**20,31**	**1,56**			**4,69**	**20,31**	**100**
CONGO	48	35	11	11	5	4	23	137
%	**35,03**	**25,55**	**8,03**	**8,03**	**3,65**	**2,92**	**16,79**	**100**

2007 : Assemblée nationale, 137 sièges

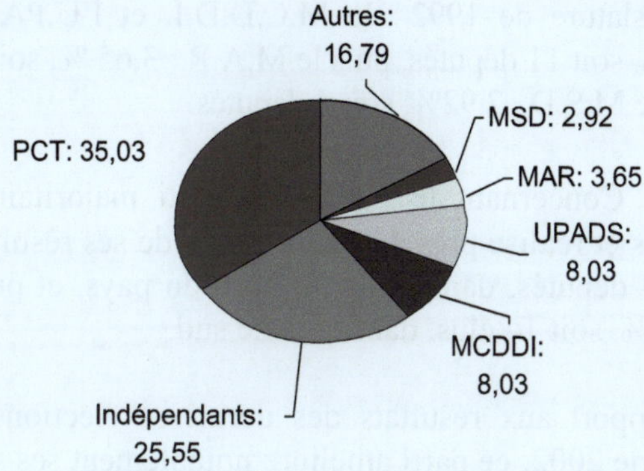

2.3.L'analyse

La lecture des deux tableaux ci-dessus fait ressortir les constats majeurs suivants.

2.3.1. D'abord, dans la perception bipolaire de l'occupation des sièges à l'Assemblée nationale, la zone sud a une représentation de 53,28 %, soit 73 députés et la partie nord 46,71 %, soit 64 députés.

2.3.2. Ensuite, en procédant par une option arbitraire, celle de ne créer des colonnes sur le tableau synoptique, pour des raisons d'espace sur le papier, que pour les partis politiques qui ont réussi à faire élire au moins 4 députés, il apparaît 7 regroupements principaux de députés.

Ainsi, par ordre d'importance numérique, on mentionnerait en première position le P.C.T., le parti majoritaire avec 48 députés, soit 35,03 % des effectifs de l'Assemblée nationale, et le groupe des indépendants avec 35 députés, soit 25,55 %, ensuite un regroupement statistique hétéroclite qualifié d' « *Autres partis »,* 16,79 %, soit 23 députés, puis deux anciens « grands partis » de la législature de 1992 : le M.C.D.D.I. et l'U.PA.D.S., chacun 8,03 %, soit 11 députés, puis le M.A.R., 3,65 %, soit 5 députés, et enfin le M.S.D., 2,92%, soit 4 députés.

2.3.3. Concernant le P.C.T., le parti majoritaire totalise 48 députés et réalise près des trois quarts de ses résultats, 70,83 %, soit 34 députés, dans la partie nord du pays, et près d'un tiers, 29,17 %, soit 14 élus, dans la zone sud.

Par rapport aux résultats des dernières élections législatives, celles de 2002, ce parti améliore notablement ses scores dans la zone sud, en passant de 11,76 %, soit 6 députés, en 2002, à 29,17 %, soit 14 élus, en 2007. Ce succès se décline ainsi qu'il suit en valeur numérique : de 0 à 2 députés dans le Pool sud, de 2 à 4 députés dans le Niari et de 2 à 7 élus dans le Kouilou.

C'est dans la partie nord que ces résultats se sont relativement dégradés, dégringolant à 70,83% sur 88,24 % en 2002, soit 34 sur 51 élus.

Ce constat d'érosion de l'électorat du parti majoritaire dans son fief naturel aurait pu lui être préjudiciable s'il n'était pas qu'un simple épiphénomène. Au-delà de l'apparence, le constat déplorable, la réalité trouve son explication dans un phénomène politique qui prend de plus en plus d'ampleur et qui s'impose à l'analyse. C'est le phénomène informel de compensation pour le P.C.T. à travers le recrutement des députés élus sous l'étiquette d'« indépendants ».

2.3.4. En fait, la colonne des indépendants représente un pourcentage remarquable, suivant celui du parti majoritaire, 25,55 %, soit 35 députés, répartis ainsi qu'il suit : 62,86 %, soit 22 élus, dans la zone sud ; et 37,14 %, soit 13 élus, dans la partie nord du pays. Par ailleurs, les indépendants représentent

30,13 % des députés de la zone sud et 20,31 % de ceux de la partie nord.

A titre de comparaison, en 2002 les indépendants représentaient 29,24 %, soit 19 élus, de la zone sud, et 6,25 % de la partie nord. Par rapport à l'ensemble de l'hémicycle, cette catégorie d'élus équivalait à 17,82 %, soit 23 députés sur 129, étant entendu que les élections législatives n'avaient pas pu être organisées dans le Pool. Ce pourcentage se décompose comme ci-après : 14,72 % dans la zone sud et 3,10 % dans la partie nord (chapitre 4 ; paragraphe 4.1 ; pages 66 à 68.).

En 1992, les candidats indépendants sont au nombre de 6, soit 5 % pour l'ensemble du territoire national : 3 élus dans la zone sud et 3 dans la partie nord, soit 2,50 % pour chaque sous-ensemble (chapitre 4 ; paragraphe 4.1.1 ; pages 31 à 34.).

Aux élections législatives anticipées des 2 mai 1993 et 6 juin 1993, cette catégorie de candidats n'obtient aucun siège électoral. Cette situation pourrait s'expliquer par la cristallisation des enjeux politiques de l'époque, la dualité frontale entre deux camps diamétralement opposés- la mouvance présidentielle, d'une part, et d'autre part, l'Alliance M.C.D.D.I., U.R.D.-P.C.T. et Apparentés - qui ne laisse aucune place à des indécis, à des hommes politiques sans engagement militant.

Un constat reste permanent à travers toutes les législatures – de 1992 à 2007 – les élus dits « indépendants » ne sont jamais constitués en groupe parlementaire que l'on désignerait, sous d'autres cieux, par des « non-inscrits ».

Concernant particulièrement les deux dernières élections législatives, celles de la période d'après la victoire militaire : de 2002 et de 2007, le nombre impressionnant des candidats et élus dits « indépendants » suscite quelques interrogations. Enfin de compte, on constate, à la mise en place des instances de l'Assemblée nationale, que ces élus n'ont d'indépendant que le qualificatif ou plus exactement l'étiquette puisqu'ils intègrent allègrement, et en totalité, les rangs de la majorité au pouvoir.

Ce dernier constat pose incidemment les problèmes de structuration, d'organisation et de fonctionnement du parti majoritaire, le P.C.T.

D'abord de manière générale, qu'est-ce qui motiverait, dans notre pays, un candidat à se positionner en qualité d'indépendant à une élection législative ? En d'autres termes, quel est l'intérêt de participer à une élection législative en qualité de candidat indépendant et pour les électeurs de voter pour un candidat qui se dit indépendant de qui et de quoi ? Pourquoi des candidats proches ou se réclamant du parti majoritaire et susceptibles de remporter les suffrages de leurs concitoyens se passent ainsi des avantages certains qu'offre l'affiliation à ce parti ? Ont-ils quelque chose à craindre en s'affichant derrière l'étiquette du P.C.T., préférant plutôt se camoufler sous la dénomination « indépendant » ? Le parti majoritaire se tromperait-il, lors des investitures, en jetant son dévolu sur des candidats de moindre calibre et par conséquent moins avantagés devant la concurrence, puisque l'on constate surtout dans la partie nord du pays que les candidats officiels du P.C.T. sont souvent battus par des indépendants qui intègrent finalement le groupe de la majorité présidentielle à l'Assemblée nationale ?

En réalité, quelle est la proportion des élus dits « indépendants » choisis pour faire partie des institutions de la République, notamment le gouvernement ? Cette question fera l'objet du chapitre suivant.

2.3.5. La troisième colonne qui retient l'attention par le nombre élevé d'élus, 23, soit 16,79 %, est celle des « *Autres partis* » qui est un regroupement purement statistique de 13 partis politiques n'ayant pas dépassé le cap de 3 élus. Ce sont des partis faisant partie de la majorité parlementaire que l'on pourrait classer en trois catégories par rapport aux résultats électoraux. Il s'agit, de la première catégorie, de trois partis politiques ayant totalisé 3 élus : l'A.P.C., le Club 2002 P.U.R. et les F.D.N, de la deuxième, de quatre partis politiques avec un score de 2 élus : le R.D.P.S., l'U.P., l'U.P.D.P. et l'U.R., et la dernière, de 6 partis politiques ayant obtenu 1 élu : la C.R., la J.E.M., le M.D.P., le Parti la Vie, l'U.D.R.Mwinda et l'U.F.D.

2.3.6. La quatrième et la cinquième colonnes concernent deux anciens grands partis politiques de la législature 1992, le M.C.D.D.I. et l'U.PA.D.S., qui ont le même nombre d'élus : 1, soit 8,03 %, et se situent tous les deux dans la zone méridionale du pays. A la différence de l'U.PA.D.S., le M.C.D.D.I. obtient 1 élu à Brazzaville nord, précisément à Moungali.

La sixième colonne enregistre les résultats du M.A.R. : 3,65 %, soit 5 députés élus uniquement dans la zone sud, spécifiquement dans le Kouilou avec 4 élus et dans le Niari avec 1 élu.

La dernière colonne a trait aux résultats obtenus par le M.S.D. qui s'équilibrent quelque peu à travers le territoire national : 1 élu dans la Bouenza, dans la zone sud, 1 autre à Brazzaville et 2 élus dans la Cuvette-ouest, dans la partie nord du pays.

Chapitre 3
La relation entre la nomination au sein des institutions publiques et l'affiliation aux partis politiques

3.1. Le tableau synoptique de la répartition des portefeuilles gouvernementaux et l'affiliation aux partis politiques

Proto-Cole	Désignations	Attributions/compétences	Partis politiques
1	Isidore MVOUBA	Ministre d'Etat, coordonnateur	PCT, élu
2	Pierre MOUSSA	Ministre d'Etat, coordonnateur	PCT, élu
3	A.E. YOKA	Ministre d'Etat, coordonnateur	PCT, non élu
4	Florent NTSIBA	Ministre d'Etat, coordonnateur	non élu
5	Rodolphe ADADA	Ministre d'Etat, dévelopt industriel	PCT, non élu
6	Gilbert ONDONGO	Ministre des Finances, du Budget	PCT, non élu
7	Basile IKOUEBE	Ministre des Affaires étrangères	non élu
8	R.Z. MBOULOU	Ministre de l'Intérieur et de la Déc.	PCT, élu
9	Pierre OBA	Ministre des Mines et de la Géol.	PCT, non élu
10	Henri DJOMBO	Ministre du Développement durable.	PCT, élu
11	G.B.P. KOLELAS	Ministre de la Fonction publique	MCDDI, élu
12	Emile OUOSSO	Ministre de l'Equipement et des Tra.	PCT, élu
13	C.A. NSILOU	Ministre de la Construction et de l' H	CR, élu
14	R. MABOUNDOU	Ministre de l'Agriculture et Elevage	non élu
15	C.Z. BOWAO	Ministre à la Présidence, chargé de…	PCT, non élu
16	A. MOUNGANI	Ministre des Petites, Moyennes entr.	C. 2002, élue
17	Claudine MUNARI	Ministre du Commerce et des Appro.	Indép, élue
18	A.OKOMBI Salissa	Ministre de l'enseignement technique	PCT, élu
19	R. KAMA Niamay.	Ministre de l'Enseignement second.	non élue
20	A.A. ABENA	Ministre de l'Enseignement supérieur	non élu
21	M.H. MAMPOUYA	Ministre de la Pêche et de l'Aquacult.	Mcd,non élu
22	Georges MOYEN	Ministre de la Santé et de la Populat.	non élu
23	B.J.Richard ITOUA	Ministre de l'Energie et de l'Hydrauli	PCT, élu
24	A.R. LOEMBA	Ministre des Hydrocarbures	non élu
25	Henri OSSEBI	Ministre de la Recherche scientifique	PCT, élu
26	J.C. GAKOSSO	Ministre de la Culture et des Arts	PCT, élu
27	Emilienne RAOUL	Ministre des Affaires sociales et Act.	non élu
28	J.Y. NDOLOU	Ministre des Sports et de l'Education	non élu

29	A.AKOUALAT A.	Ministre à la Présidence chargé des z.	PCT,non élu
30	T. MOUNGALLA	Ministre des Postes, des Télécom.	Indépe, élu
31	M.M. KANI	Ministre de l'industrie touristique et	RDD, non élu
32	Pierre MABIALA	Ministre des Affaires foncières et du	non élu
33	B. OKIEMY	Ministre de la Communication et	non élu
34	J.F.LECKOMBA L.	Ministre de la Promotion de la fem.	PCt, non élue
35	Z. KIMPOMI	Ministre de l'Education civique et de	non élu
36	M.P.COUSSOUD M.	Ministre délégué auprès du ministre	PCT, élu
37	J.R. NGOUONIMBA	Ministre délégué auprès du ministre	UFd, non élu

Références :

- Décret n° 2009 – 315 du 15 septembre 2009 portant nomination des membres du gouvernement
- Liste des députés et suppléants élus du 03 septembre 2007 du ministère de l'Administration du territoire et de la Décentralisation.

2007 : Mandat électoral

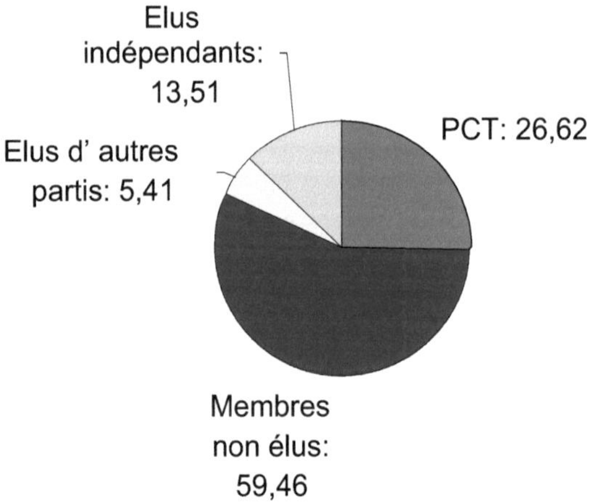

3.2. Le récapitulatif des origines des membres du gouvernement : par mandat électoral et par affiliation aux partis politiques

Mandat électoral			Affiliation aux partis		
Rubriques	Désignations	Nbres	Rub.	Désignations	Nbres
1	Elus du PCT	8	1	Membres du PCT	15
2	Elus d'autres partis	5	2	Membres des autres partis	7
3	Elus indépendants	2	3	Total des membres de partis	22
4	Total membres élus	15	4	Membres non affiliés aux partis	15
5	Total membres non élus	22			
6	Total membres du gouvernement	37	5	Total membres du gouvernement	37

2007 : Affiliation aux partis politiques

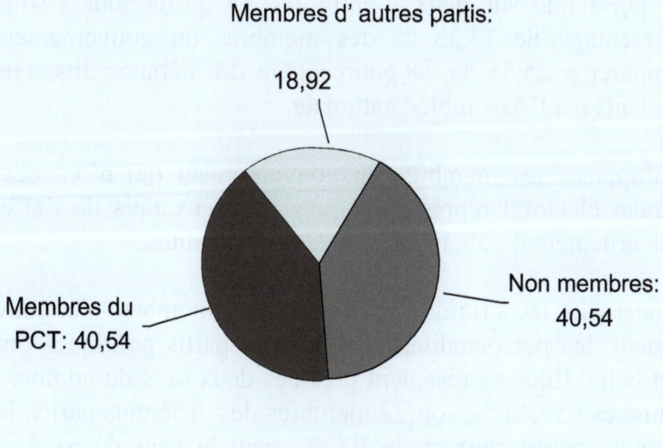

3.3. L'analyse

La lecture du tableau synoptique et du récapitulatif ci-dessus fait les constats suivants.

Les cinq ministères d'Etat échoient aux personnalités issues du parti majoritaire, le P.C.T., ou à un apparenté à ce dernier, pour le cas de la coordination du pôle socioculturel.

Dans l'ordre de nomination ou de préséance, les dix premiers ministères reviennent également de droit aux membres du P.C.T. et apparentés.

Par rapport au mandat électoral - il s'agit bien entendu des élections législatives de 2007 -, l'effectif des élus choisis pour faire partie de l'équipe gouvernementale représente 40,54 % de celle-ci, soit 15 personnalités. Parmi celles-ci, les membres du P.C.T. représentent plus de la moitié des élus, membres du gouvernement : 53,34 %, soit 8 membres sur un total de 15. Les membres des partis suivants - les seuls extérieurs au P.C.T. - à qui il a été fait la confiance d'être au gouvernement : le M.A.R., la C.R., le M.C.D.D.I., l'A.P.C. et le R.D.D., représentent 33,33 %, soit 5 membres, tandis que les indépendants, aussi importants, disons plutôt nombreux qu'ils sont, le dévolu n'a été porté que sur deux d'entre les 35 qu'ils sont - soit un pourcentage de 13,33 % des membres du gouvernement à comparer à 25,55 %, le pourcentage des députés dits « indépendants » à l'Assemblée nationale.

A l'opposé, les membres du gouvernement qui n'ont pas de mandat électoral représentent près des deux tiers de l'effectif gouvernemental : 59,46 %, soit 22 personnalités.

Concernant les origines partisanes des membres du gouvernement, les personnalités affiliées aux partis politiques ont la part belle. Elles représentent près des deux tiers du nombre des ministres : 59,46 %, soit 22 membres des différents partis. Bien entendu, parmi ceux-ci, le P.C.T. tient le haut du pavé avec 68,18 %, soit 15 portefeuilles ministériels.

Les membres non affiliés aux partis politiques représentent seulement un peu plus de la moitié de l'ensemble des membres adhérents aux formations politiques : 15 personnalités, soit 40,54 % du gouvernement.

Quatrième partie

La problématique du découpage pour les élections législatives futures

Le titre de la première ébauche de cette partie du texte s'intitulait : Esquisse de découpage pour les élections législatives futures. C'est dans cette optique qu'une demande d'éléments statistiques précis, complémentaires aux données contenues dans la brochure « *LE RGPH – 2007 EN QUELQUES CHIFFRES* » publiée par le Centre National de la Statistique et des Etudes Economiques (C.N.S.E.E.), a été vainement introduite auprès de cet organisme. Ces données statistiques auraient permis d'élaborer un avant-projet fiable de découpage électoral équitable pour les législatives de 2012. Faute de mieux, on va se contenter d'abord d'une réflexion conceptuelle, redéfinissant et réactualisant le cadre légal, et ensuite d'une démarche empirique, se fondant sur les résultats du découpage électoral de 1992.

Chapitre 1
Contribution pour un avant-projet de découpage électoral pour les scrutins futurs

Les données statistiques, vainement attendues, permettraient, d'abord, la maîtrise de la population de nationalité congolaise majeure que les professionnels de la statistique obtiendraient à partir des tableaux n° 5,6 et 10 des pages respectives 9, 10,11 et 13 de la brochure susmentionnée et, ensuite, la connaissance du taux d'accroissement moyen de la population totale entre 1992 et 2007. La population congolaise majeure constitue le corps électoral tandis que le taux d'accroissement de la population d'une période donnée permet de procéder à une estimation du nombre d'habitants par tranche, de déterminer le plancher et le plafond pour la répartition des sièges par district, arrondissement et commune sans arrondissement.

Pratiquement, pour un découpage électoral équitable, il s'imposerait d'abord de redéfinir et de réactualiser le cadre légal et ensuite de concevoir et de poser une nouvelle base numérique devant servir de référence à propos de l'évolution de la variable *population*.

1.1. Redéfinition du cadre légal

Il s'agit notamment :

- Primo, de se départir radicalement de l'esprit inique et mesquin qui a prévalu à l'élaboration et à l'adoption des lois ci-après : - n° 9-2001 du 10 décembre 2001, portant loi électorale, en son article 54, qui fixe carrément le nombre de sièges à l'Assemblée nationale à 137 et qui donne pouvoir à un exécutif partisan de déterminer, comme bon lui semble, les différentes circonscriptions électorales, et - n° 5-2007 du 25 mai 2007 modifiant et complétant certaines dispositions de la loi n° 9-2001, en son article 54 alinéa 2, qui reproduit, sans vergogne et in extenso, le contenu du décret présidentiel n° 2002-173 du 23 mars 2002 déterminant les circonscriptions électorales aux élections législatives de mai 2002 et fixant les limites des circonscriptions ;

- Secundo, de revenir à l'état psychologique d'impartialité du Conseil Supérieur de la République (C.S.R.) matérialisé par la loi n° 001-92 du 21 janvier 1992, en son article 28, qui définit une clé de répartition claire, une procédure consensuelle et équitable et qui précise les critères de références pour un découpage électoral objectif et responsable du territoire national.

1.2. Réactualisation du cadre légal

L'objectif visé consisterait à se fonder sur le principe d'équité élaboré et mis en pratique par le C.S.R., parlement de la transition de 1991 à 1992, à travers le texte de l'article 28 de la loi électorale n° 001-92 du 21 janvier 1992, portant loi électorale, et de la réactualiser impérativement, compte tenu de l'évolution inéluctable, des données démographiques.

A cet effet, on se proposerait deux approches : la première consistant à élaborer une hypothèse de travail permettant d'estimer l'équivalant en juillet 2007 - date de publication du dernier recensement de la population du Congo par le Centre National de la Statistique et des Etudes Economiques - de la base référentielle, en termes respectifs de plancher et de plafond des tranches du nombre d'habitants générant une circonscription électorale et la deuxième, corollaire de la première, consistant à la reformulation de l'article 54, ancien - de la loi n° 9-2001 du 21 décembre 2001 - et nouveau - de la loi n° 5-2007 du 25 mai 2007 - en se fondant sur l'esprit et la lettre de l'article 28 de la loi n° 001-92 du 21 janvier 1992.

Chapitre 2
Approche empirique pour la détermination des circonscriptions électorales

Cette démarche consiste à soumettre les résultats du recensement de la population de 2007 aux critères démographiques de répartition de 1992 pour déterminer le nombre de sièges à pourvoir à l'Assemblée nationale, en considérant, par hypothèse, que ce recensement ne souffre d'aucune entorse ; ce qui n'est pas du tout évident à l'observation comparative.

Il s'agit d'examiner, au cas par cas, par département, la situation de chaque entité administrative.

Le tableau synoptique ci-après, conçu sur la base des données statistiques de la brochure intitulée : *LE RGPH-2007 EN QUELQUES CHIFFRES* (tableau n°1 : Population des départements, pages 2, 3 et 4), constitue assurément un support de référence pour la réflexion sur la détermination des circonscriptions électorales.

2.1. Tableau synoptique, base : population résidante en 2007

Localisation	Nombres	Sièges/ loi de 1992	Sièges problématiques en 2002 / répartition de 1992	Sièges problématiques / accroissement de la population
KOUILOU	**91.955**	**10**	**-1**	**2**
Hinda	32.995	3	-1	1
Madingou-Kayes	13.290	1		
Mvouti	18.094	2		
Kakamoeka	7.817	1		
Nzambi	3.137	1		
Tchimba Nzassi	16.622	2		1
NIARI	**231.271**	**20**	**-3**	**2**
Dolisie	83.798	3	-1	

Mossendjo	13.238	1		
Louvakou	13.408	1	-2	
Kibangou	17.928	2		1
Divenié	13.549	1		
Mayoko	5.147	1		
Kimongo	19.578	2		1
Moutamba	10.385	1		
Banda	6.910	1		
Londela-Kayes	8.150	1		
Makabana	14.164	1		
Mbinda	4.783	1		
Moungoundou sud	5.703	1		
Nyanga	9.340	1		
Moungoundou nord	1.385	1		
Yaya	3.805	1		
LEKOUMOU	**96.393**	**9**		**2**
Sibiti	46.608	4		1
Komono	14.581	1		
Zanaga	16.649	2		1
Bambama	4.906	1		
Mayéyé	13.649	1		
BOUENZA	**309.073**	**22**	**-5**	**3**
Nkayi	71.620	3	-1	
Madingou	62.800	5		1
Mouyondzi	36.815	3	-2	1
Boko-Songho	12.575	1		
Mfouati	29.931	2	-1	
Loudima	32.775	3	-1	1
Kayes	13.123	1		
Kingoué	11.910	1		
Mabombo	11.839	1		
Tsiaki	11.315	1		
Yamba	14.370	1		
POOL	**236.595**	**21**	**-4**	**2**
Kinkala	34.608	3	-1	1
Boko	13.643	1		
Mindouli	53.584	4	-1	
Kindamba	17.295	2		1
Goma Tsé-Tsé	15.615	1	-2	
Mayama	7.036	1		
Ngabé	30.091	2		
Mbandza-Ndounga	9.737	1		
Louingui				

Loumo	10.553	1		
Ignié	4.715	1		
Vindza	29.290	2		
Kimba	5.912	1		
	4.516	1		
PLATEAUX	**174.591**	**17**	**+2**	**3**
Djambala	17.265	2		1
Lékana	16.761	2		1
Gamboma	43.221	3	+1	
Abala	11.296	1		
Allembé	4.640	1		
Makotimpoko	18.756	2		
Mbon	3.163	1		
Mpouya	9.283	1		
Ngo	16.751	1		
Ollombo	21.272	2	+1	
Ongogni	12.183	1		
CUVETTE	**156.044**	**15**	**+1**	**1**
Owando	40.174	3		
Makoua	21.910	2		
Boundji	16.015	1		
Mossaka	25.636	2	+1	
Loukolela	21.442	2		
Oyo	17.948	2		1
Ngoko	2.866	1		
Ntokou	4.075	1		
Tchikapika	5.978	1		
CUVETTE-OUEST	**72.999**	**7**	**+1**	**1**
Ewo	20.195	2	+1	1
Kellé	15.205	1		
Mbomo	7.163	1		
Okoyo	10.009	1		
Etoumbi	12.387	1		
Mbama	8.040	1		
SANGHA	**85.738**	**7**		
Ouesso	28.179	1		
Mokéko	30.172	2		
Sembé	9.550	1		
Souanké	9.711	1		
Pikounda	3.513	1		
Ngabala	4.613	1		

LIKOUALA	**154.115**	**14**	**+1**	**3**
Impfondo	47.951	4		1
Epéna	17.499	2	+1	1
Dongou	19.365	2		1
Betou	29.736	2		
Bouaniéla	7.084	1		
Enyellé	21.193	2		
Liranga	11.287	1		
BRAZZAVILLE	**1.373.382**	?	**+1**	
POINTE-NOIRE	**715.334**	?	**-1**	
CONGO	**3697490**	?	**-8**	

2.2. L'analyse

Le tableau synoptique ci-dessus permet, d'abord, de procéder à une esquisse de répartition des sièges par entité administrative en se référant, de façon empirique, à la loi n° 001-92 du 21 janvier 1992, ensuite, de donner une réponse, en 2007, à la question des sièges problématiques de 2002 par rapport aux critères de répartition antérieure de 1992 et, enfin, de répertorier les sièges qui poseraient des interrogations par rapport au taux d'accroissement de la population entre 1992 et 2007.

2.2.1. Esquisse de répartition des sièges par entité administrative

Cette tentative d'estimation empirique ne devrait pas susciter de commentaire pertinent car elle comporte des lacunes et des inexactitudes implicitement admises : la non prise en considération du taux d'accroissement de la population entre 1992 et 2007, les nouvelles entités administratives créées par un projet de loi du conseil des ministres du 21 octobre 2010 et, par-dessus tout, la lancinante question de la fiabilité des chiffres du recensement général de la population.

Concernant les nouvelles entités administratives, il s'agit notamment de deux arrondissements, Madibou et Nkombo-Djiri à Brazzaville ; et de deux autres, Mongo-Mpoukou et Ngoyo à

Pointe-Noire ; et de deux districts, Ile Mbamou dans le Pool ; et Loango, chef-lieu du département du Kouilou.
Cette esquisse de répartition des sièges par entité administrative demeure, par conséquent, incomplète pour les départements de Brazzaville, de Pointe-Noire, du Pool et du Kouilou.

2.2.2. Sièges problématiques du découpage électoral de 2002 par rapport à la répartition de 1992.

Les données de cette colonne se réfèrent au tableau synoptique des différences entre les circonscriptions électorales de 1992 et de 2002(page 53 (2.3.1.)) et au tableau récapitulatif des gains et des pertes de sièges en 2002 par rapport à la répartition de 1992 (page 55 (2.3.2.)).
Une lecture attentive de l'éventuelle et actuelle répartition des sièges par entité administrative fait ressortir que cette question « litigieuse » en 2002 ne se poserait plus en 2007. Pourquoi ?
La solution semble avoir effectivement été trouvée à travers les « résultats » du recensement général de la population de 2007, surtout dans la partie septentrionale du pays. Dans la zone méridionale, il subsiste deux interrogations, pour le département du Niari, dans le district de Louvakou : 3 sièges en 1992 et 1 éventuellement en 2007, correspondant à une population de 13.408 habitants, et pour le département du Pool, dans le district de Goma tsé-Tsé : 3 sièges en 1992 et 1 éventuellement en 2007, correspondant à une population de 15.615 habitants.

2.2.3. Sièges problématiques par rapport à l'accroissement de la population de 1992 à 2007

On classe dans cette colonne les sièges dont le référent en nombre d'habitants en 2007 est légèrement au-dessus de chaque plafond de 1992. Par simple convenance, cet écart a été arbitrairement estimé en moyenne à 5.000 habitants.
La récapitulation des sièges de cette catégorie est représentée par le tableau de synthèse ci-après.

Localisation	15.000 à 20.000 hab.	30.000 à 35.000 hab.	45.000 à 50.000 hab.	60.000 à 65.000 hab.
KOUILOU				
Hinda		32.995		
Tchamba-Nzassi	16.622			
NIARI				
Kibangou	17.928			
Kimongo	19.578			
LEKOUMOU				
Sibiti			46.608	
Zanaga	16.649			
BOUENZA				
Madingou				62.800
Mouyondzi		36.815		
Loudima		32.775		
POOL				
Kinkala		34.608		
Kindamba	17.295			
PLATEAUX				
Djambala	17.265			
Lékana	16.761			
Makotimpoko	18.756			
CUVETTE				
Oyo	17.948			
CUVETTE-OUEST				
Ewo	20.195			
LIKOUALA				
Impfondo			47.951	
Epéna	17.495			
Dongou	19.365			

En considérant le fait irréfutable de l'augmentation inéluctable du nombre de la population d'un pays, du nombre d'habitants d'une entité administrative, ce tableau fait ressortir les plafonds référentiels, par tranche, en conformité avec la loi n° 001- 92 du 21 janvier 1992, de 15.000 à 20.000 habitants, et ainsi de suite pour les colonnes suivantes.

On reste suspendu à une interrogation à laquelle la réponse n'est pas donnée ici : devrait-on prendre en considération ces référents en nombres d'habitants pour l'attribution éventuelle de sièges ?

Toutefois, le nombre de ces cas « litigieux » serait de 12 pour les entités administratives dont le plafond serait de 20.000 habitants, de 4 pour 35.000 habitants, de 2 pour 50.000 habitants et de 1 pour 65.000 habitants.

En définitive, l'opération de répartition des sièges électoraux entre les entités administratives du pays s'avère être une tâche réellement délicate et devrait se fonder sur des données démographiques d'un recensement administratif fiable et être exécutée selon des critères de découpage, en circonscriptions, clairs et précis afin de se mettre à l'abri de toute tentative de contestation.

Conclusion

Au terme de cette analyse non exhaustive sur le découpage électoral de l'ère dite démocratique, celle d'après la Conférence nationale souveraine, au Congo, il s'impose de rappeler, d'abord, qu'à la suite de la période d'enthousiasme et d'euphorie populaire du début des années 1990, l'environnement mondial, le contexte africain et la situation politique nationale ont beaucoup évolué et se sont fondamentalement transformés, et, ensuite, se poser, somme toute, la double question de savoir quel est l'objectif visé par cette modeste étude et quelles seraient, en fin de compte, les dispositions mentales et pratiques à prendre pour une gouvernance électorale consensuelle et équitable.

Concernant l'environnement international, c'est une évidence au XXIe siècle, avec le développement spectaculaire des médias audiovisuels, d'affirmer l'influence inéluctable des événements mondiaux sur le comportement et les attitudes des acteurs politiques nationaux et de l'ensemble des citoyens d'un pays. En ce début de la décennie 2010, les esprits sont fortement marqués par la révolution arabe et la crise post-électorale en Côte-d'Ivoire.

Les raisons fondamentales de la colère à la base des mouvements inattendus dans les pays arabes ne sont pas spécifiques à ces derniers. Elles apparaissent nombreuses, mais les plus saillantes sont : absence de libertés, pauvreté, chômage, corruption, népotisme, sentiment de ne pas exister en tant que citoyens ou électeurs, absences de perspectives rassurantes d'existence. Ces maux étant connus, ce qui l'était moins c'est le degré d'exaspération des populations, nourrie par ce décalage devenu insupportable, comme ailleurs dans le continent africain, entre la réalité vécue par la majorité et les discours officiels.
En Afrique subsaharienne, la crise en Côte-d'Ivoire, journellement rapportée avec suspense et fracas par les médias, dont le paroxysme a été atteint avec le déclenchement de la guerre civile et le déboulonnage musclé de l'ancien président de la République, a mobilisé et tenu en haleine l'opinion internationale et a exercé une incidence psychologique notable sur les

populations africaines. Des répercussions sociopolitiques s'observeront, à coup sûr, dans les autres pays.

Comme le mentionne Marwane Ben Yahmed, dans un article du journal « Jeune Afrique », « Il faut se méfier de l'eau qui dort... On croyait le monde arabe voué à l'immobilisme. On imaginait ses *Zaïms* (sortes de califes des temps modernes, fervents adeptes de la matraque) indéboulonnables, de véritables demi-dieux qui ne craignaient que la mort et la maladie. La résignation ou la docilité étaient les « qualités » les mieux partagés par ses habitants. Changement, réforme, démocratie ? Autant de notions censées être incompatibles avec la région et sa religion, l'islam ». (1)[1]

A propos de la motivation ou l'objectif de cette réflexion, il conviendrait de préciser ce que ce document n'est pas et ce qu'il est en réalité.
Ce document ne constitue nullement un exercice quelconque de dénonciation. Du point de vue de son auteur, il reproduit simplement l'état de la situation passée et initie une sorte de thérapeutique, une méthodologie qui indique une issue salvatrice pour toute la communauté politique nationale, comme pour paraphraser l'autre lorsqu'il dit : « Je veux mourir ensemble avec vous ne saurait, en aucune façon, être la solution. Préférable, je vous propose une porte de sortie, fût-elle étroite et difficile ».

Cette étude est donc destinée à signaler les errements passés susceptibles de compromettre dangereusement l'avenir, à tirer fortement la sonnette d'alarme afin d'attirer l'attention des décideurs politiques sur un aspect spécifique et sensible de la gouvernance publique : le système électoral dans sa conception et dans l'organisation des scrutins.

Dans cette optique, on pourrait mentionner justement la série des déclarations publiques des personnalités de premier plan de

---

[1] Marwane Ben Yahmed, Jeune Afrique, n° 2623-2624 du 17 avril 2011, *Révolution : un nouveau monde arabe.*

la majorité présidentielle lors des sessions inaugurales des séances de l'Assemblée nationale, du Sénat, du groupe parlementaire de la majorité et des 4e universités des Forces Démocratiques Nouvelles (F.D.N.) qui ont pour préoccupation primordiale l'inquiétude sur la conjoncture politique nationale. Les articles des différentes éditions du journal *La Semaine Africaine*, ci-après, en constituent une illustration appropriée.

« Ouvrant les travaux de la 11e session ordinaire de l'Assemblée nationale, Justin Koumba [président] a invité les députés à engager des réflexions constructives sur les conséquences des crises qui secouent le monde arabe sur l'économie congolaise. A cet effet, il a demandé que soient créées, au sein des commissions permanentes de l'assemblée nationale, des cellules d'analyse et d'échange sur l'évolution de l'actualité sociopolitique dans le monde. *« L'actualité mondiale est dominée, depuis plusieurs semaines, par la crise en Côte-d'Ivoire et les crises sociopolitiques dans les pays de l'Afrique du nord et du Proche-Orient. Ces crises qui perdurent mettent en place le retour à l'activité parlementaire dans ces Etats. Nous partageons le souci des peuples de ces pays qui n'attendent que de vivre en paix, pour jouir, pleinement, de leurs droits et libertés »*, a-t-il déclaré.

« Dans son discours d'ouverture, le président du Sénat, André Obami Itou, a fait savoir que les mouvements sociaux qui éclatent, se succèdent et se propagent dans le Maghreb et dans le monde arabe, ne sont pas sans similitude avec la vague des conférences nationales souveraines en Afrique subsaharienne et les événements de l'Europe de l'Est symbolisés par la chute du mur de Berlin ».[2]

« Un moment-clé aussi marqué par des événements insurrectionnels et populaires dans certains pays du monde, particulièrement en Afrique du nord. […] En conséquence, le président du groupe parlementaire de la majorité parlementaire à l'Assemblée nationale (Alexandre Ndenguet-Attiki) a interpellé ses

[2] La Semaine Africaine, n° 3073 du 8 mars 2011, p.5, *Les parlementaires préoccupés par la crise sociopolitique dans le monde arabe.*

collègues à ne pas être indifférents à ce qui se passe, actuellement, sous d'autres cieux. D'où, selon lui, la nécessité de ramener leur parti à ses valeurs fondatrices. « *Au moment où montent, çà et là, des revendications populaires pour plus de démocratie et de justice sociale, nous devrons œuvrer à ramener le P.c.t à ses valeurs fondatrices du parti de gauche, qui lutte au quotidien pour plus de justice sociale* ».[3]

« Mais, Léon Alfred Opimbat (lors de l'ouverture des 4e des F.D.N.) estime, cependant, que l'environnement national et international mérite toute l'attention des acteurs politiques parce que la sonnette d'alarme est, d'ailleurs, tirée par de nombreux observateurs avertis sur ce qui se passe dans les pays du Maghreb. « *A comprendre cette analyse et à observer ce qui se passe, nul n'est à l'abri du compte, comme disent les sportifs. Les velléités de stabilisation des pouvoirs établis revêtent des formes nouvelles, avec des capacités de récupération internes ou externes qui s'accommodent des enjeux stratégiques de chaque pays* » a-t-il indiqué. Il a estimé, également, que les déséquilibres divers, les frustrations sont aussi porteurs d'explosion » […] Ernest Moïtaya, secrétaire général adjoint des F.D.N., a justifié la position de son parti, par rapport aux événements qui se passent au plan international. *« Vous savez ce qui se passe sur la scène internationale, les révolutions populaires dans le Maghreb qui ont gagné le Proche-Orient. Aujourd'hui, aucun pays, aucun régime n'est à l'abri. Donc, tout est possible ; tout peut arriver, d'un moment à l'autre ».* [4]
C'est donc dans cet environnement international tumultueux, fait d'incertitude et d'imprévisibilité, que les élections législatives de 2012 ont été préparées et organisées.

---

[3] La Semaine Africaine, n° 3087 du 27 avril 2011, p.3, P.C.T. (Parti Congolais du Travail), *Les députés soutiennent la tenue du congrès de l'ouverture*

[4] La Semaine Africaine, n°3090 du 6 mai 2011, p.7, 4e universités des F.D.N. (Forces Démocratiques Nouvelles*), Sécuriser le Chemin d'avenir, au regard du contexte international qui bouge.*

Au niveau national, sur le plan économique malgré d'importantes masses financières jamais engrangées auparavant par le pays, malgré les résultats satisfaisants des programmes avec le Fonds Monétaire International (F.M.I.), l'atteinte heureuse du point d'achèvement de l'initiative des Pays pauvres très endettés (P.P.T.E.), et les indicateurs macro-économiques flatteurs - un taux de croissance élevé : deux chiffres, un solde budgétaire positif -, la situation sociale, a contrario, se caractérise par une morosité populaire, conséquence logique des insuffisances de résultats dans les domaines de la santé, de l'éducation, de l'emploi, de la lutte contre la corruption et la pauvreté, et de l'approvisionnement en eau et en électricité[5]. Le train de vie ostentatoire des dirigeants politiques et de leurs familles, les scandales économiques et les abus en tout genre ont fait le lit, d'abord, de la résignation qui s'est ensuite muée en amertume et en aigreur, qui ont fait place, avec le temps, au ressentiment et à la récrimination, et ces derniers se sont finalement transformés en rejet psychologique du régime et en contestation politique.

Dans la mémoire populaire, elle est bien lointaine la belle époque de l'enthousiasme, du triomphalisme et de l'angélisme d'après la victoire militaire, de cette autre période d'insouciance de 2002 : de « transformer la victoire militaire en victoire politique » et de marquer « des penaltys sans gardien », de cette autre, plus proche et joyeuse de 2007 : des résultats électoraux mirifiques et sans encombre.

Aujourd'hui, les choses prennent un tournant ; l'inquiétude et la peur semblent avoir changé de cap et s'installer irréversiblement dans le camp du pouvoir.

Est-ce que dans la situation sociopolitique actuelle où tout le monde a fini par connaître la nature véritable du pouvoir en place et des actes délictuels délibérément posés par le personnel

---

[5] Rapport 2011 du F.M.I. sur les perspectives économiques en Afrique subsaharienne (Conférence de lancement de ce rapport, le 3 mai 2011, à Brazzaville).

dirigeant, les acteurs politiques de l'opposition particulièrement et les populations congolaises accepteraient, sans coup férir, que de bout en bout, soient rééditées perpétuellement les expériences surréalistes des élections de 2002, 2007 et 2012 ?

Ainsi, afin d'épargner notre pays des probables contestations postélectorales orageuses et des violences récurrentes et suicidaires prévisibles, le personnel politique au pouvoir devra s'engager à faire le choix patriotique et solennel d'abandonner toute tentative de manipulation du recensement administratif en vue de la détermination du corps électoral, des listes électorales, du découpage des circonscriptions électorales et toute velléité des magouilles avérées en 2002, 2007 et 2012, et à avoir le courage politique d'associer toute classe politique, à tout niveau des processus électoraux futurs, pour le bien du Congo et pour la quiétude de toute la communauté nationale.

Brazzaville, le 20 juillet 2012.

Annexes

Références pour la section 2.1., chapitre 2, première partie, et pour le chapitre 1, deuxième partie.

Sources :

- Rapport d'évaluation préélectorale, Brazzaville, janvier 2002 : Collectif des O.N.G. des droits de l'Homme et de développement démocratique.
- Missions organisées dans plusieurs régions du Congo avec l'appui financier de la Fondation Internationale pour les Systèmes Electoraux (I.F.E.S.).

TABLEAU 2 : COMPARAISON DU NOMBRE D'INSCRITS AUX TROIS DERNIERES CONSULTATIONS ELECTORALES

Régions	Elections présidentielles (1er tour, 1992)	Elections législatives (1992)	Ecart en % (3/2)	Elections communales (1993)	Ecart en % (5/2)	Ecart en % (5/3)	Elections référendaires (2002)
Brazzaville	446.047	396.382	-10,7	424.763	-4,8	+7,2	53.0423
Kouilou	274.302	277.031	+10	248.979	-9,2	-10,1	365.781
Niari	115.965	103.700	-10,6	102.483	-11,6	-1,2	120.653
Lékoumou	41.588	42.199	+1,5	38.618	-7,1	-8,5	43.043
Bouenza	115.827	111.471	-3,8	112.036	-3,2	+0,5	164.413
Pool	115.760	113.988	-1,5	110.588	-4,5	-3,0	132.127
Plateaux	78.438	76.783	-2,1	73.885	-6,8	-4,8	138.534
Cuvette	92.894	89.027	-4,2	79.228	-14,7	-11,0	75.714
Cuvette-Ouest							42.472
Sangha	29.480	29.009	-1,6	24.609	-16,5	-15,2	55.146
Likouala	22.280	21.807	-2,1	19.649	-11,8	-9,9	47.688
Congo	1.332.581	1.261.397	-5,3	1.211.726	-3,9	-3,9	1.715.994

TABLEAU 1er : COMPARATIF DE L'EVOLUTION DES ELECTEURS DU REFERENDUM 2002 AVEC LES PRESIDENTIELLES 1992, 1er TOUR

Régions	A Elections présidentielles (1er tour, 1992)	B Elections référendaires (2002)	B-A	%
Brazzaville	446.047	530.423	84.376	18,91
Kouilou	274.302	365.781	91.479	33,34
Niari	115.965	120.653	4.688	4,04
Lékoumou	41.588	43.043	1.455	3,49
Bouenza	115.827	164.413	48.586	41,94
Pool	115.760	132.127	16.367	14,13
Plateaux	78.438	138.534	60.096	76,61
Cuvette	92.894	118.186	25.292	27,22
Sangha	29.480	55.146	25.666	87,06
Likouala	22.280	47.688	25.408	114,03
Congo	1.332.581	171.5994	383.413	28,77

TABLEAU 1 : COMPARATIF DE L'EVOLUTION DES ELECTEURS DU REFERENDUM 2002 AVEC LES LEGISLATIVES 1992

Régions	A Elections législatives (1992)	B Elections référendaires (2002)	B-A	%
Brazzaville	396.382	530.423	134.041	33,81
Kouilou	277.031	365.781	88.750	32,03
Niari	103.700	120.653	16.953	16,34
Lékoumou	42.199	43.043	844	2,00
Bouenza	111.471	164.413	52.942	47,49
Pool	113.988	132.127	18.139	15,91
Plateaux	76.783	138.534	61.751	80,42
Cuvette	89.027	118.186	29.159	32,75
Sangha	29.009	55.146	26.137	90,09
Likouala	21.807	47.688	25.881	118,68
Congo	1261397	1.715.994	454.597	36,03

TABLEAU 1 : COMPARATIF DE L'EVOLUTION DES ELECTEURS DU REFERENDUM 2002 AVEC LES COMMUNALES 1993

Régions	A Elections communales (1993)	B Elections référendaires (2002)	B-A	%
Brazzaville	424.763	530.423	105.660	24,87
Kouilou	248.979	365.781	116.802	46,91
Niari	102.483	120.653	18.170	17,72
Lékoumou	38.618	43.043	4.425	11,45
Bouenza	112.036	164.413	52.377	46,75
Pool	110.588	132.127	21.539	19,47
Plateaux	73.085	138.534	65.449	89,55
Cuvette	79.228	118.186	38.958	49,17
Sangha	24.609	55.146	30.537	124,08
Likouala	19.649	47.688	28.039	142,69
Congo	1.234.038	1.715.994	481.956	39,05

TABLEAU 3 : EVOLUTION DES INSCRIPTIONS A BRAZZAVILLE AUX ELECETIONS LEGISLATIVES DE 1992 ET COMMUNALES DE 1993

Arrondissements	Législatives 1992	Communales 1993	Ecart en % (92/93)
Makélékélé	86.121	94.181	+9,4
Bacongo	30.497	38.214	+25,3
Poto-Poto	20.835	31.087	+49,2
Moungali	58.898	54.238	-7,9
Ouénze	67.823	66.885	-1,4
Talangaï	78.467	76.327	-2,7
Mfilou	53.741	63.831	+18,8
BRAZZAVILLE	396.382	424.763	+7,2

RECENCEMENT 1996

BRAZZAVILLE	856.410
POINTE-NOIRE	455.131
DOLISIE	79.852
NKAYI	46.727
OUESSO	17.784
MOSSENDJO	16.458
POOL	265.180
BOUENZA	189.839
NIARI	103.678
PLATEAUX	139.371
CUVETTE	112.946
LEKOUMOU	75.734
KOUILOU	77.048
SANGHA	393.349
LIKOUALA	66.252
CUVETTE-OUEST	49.422
TOTAL CONGO	2.591.271

COMPARATIF DES RECENCEMENTS

REGIONS/VILLES	POP. 1974	1984	1992	2002(électeurs)	SUPERFICIE
Kouilou	213.663	369.073	665.502	43.578	13.650
Niari	128.237	173.606	220.085	81.351	25.925
Lékoumou	60.110	68.287	74.420	43.043	20.950
Bouenza	146.716	187.143	219.822	133.110	12.260
Pool	169.693	184.263	195.192	132.127	33.955
Plateaux	96.148	109.663	119.722	138.534	38.400
Cuvette	114.535	135.744	151.531	75.714	74.850
Cuvette-Ouest	(voir Cuvette)	(Voir Cuvette)	(Voir Cuvette)	42.472	(Voir Cuvette)
Sangha	39.185	46.152	52.132	35.723	55.795
Likouala	30.010	49.505	70.675	47.688	66.044
Brazzaville	321.423	585.812	909.542	530.423	100
Total	1.319.810	1.909.248	2.679.223	1.715.994	341.929

VILLES

REGIONS/VILLES	POP. 1974	1984	1992	2002
Pointe-Noire			576.200	322.203
Dolisie			83.600	28.683
Nkayi			40.000	31.303
Mossendjo			16.400	10.619
Ouesso			12.000	19.423
Brazzaville	321.423	585.812	90.9542	530.423
Total			163.7742	942.654

. Références pour les chapitres 2 et 3, deuxième partie

Sources :

- Ministère de l'Intérieur, de la Sécurité et de l'Administration du territoire.
- Parlement.

Quelques repères historiques : les décrets

- « Décret 62/396 du 7 décembre 1962, portant création de la **préfecture de la Nkéni.**

- « Décret 63/8 du 12 janvier 1963, portant création de la **préfecture de Mossaka**

- « Décret 63/45 du 15 janvier 1963, portant création de la **préfecture de l'Equateur.**

- « Décret 63/48 du 15 février 1963, portant création de la **préfecture du Niari.**

- « Décret 63/53 du 19 février 1963, portant création de la **préfecture de la Létili.**

« Ainsi, au 1er janvier 1964, l'organisation administrative et territoriale du Congo se présentait de la manière suivante :

Préfectures	Chefs-lieux	Sous-préfectures	PCA	Communes
Kouilou	Pointe-Noire	• Loandjili • Madingo-Kayes • Mvouti	Nzambi Kakamoe-ka	Pointe-Noire
Niari	Dolisie	• Dolisie • Loudima • Kimongo • Kibangou	Makabana Londela-Kayes Banda	Dolisie
Nyanga-Louéssé	Mossendjo	• Mossendjo • Divenié • Mayoko	Nyanga Mbinda	
Bouenza - Louéssé	Sibiti	• Sibiti • Komono		
Létili	Zanaga	• Zanaga • Bambama		
Niari-Bouenza	Madingou	• Madingou • Mouyondzi • Boko-Songho	Mabombo Tsiaki	Jacob

		• Jacob • Mfouati		
Pool	Kinkala	• Kinkala • Boko • Mindouli • Kindamba	Bandza-Ndounga Vindza	
Djoué	Brazzaville	• Mayama • Ngamaba	Ngabé	Brazzaville
Nkéni	Gamboma	• Gamboma • Abala	Makoti-poko Ollombo	
Léfini	Djambala	• Djambala • Lékana	Ngo	
Alima	Boundji	• Boundji • Ewo • Okoyo	Ngoko Mbama	
Equateur	Fort-Rousset	• Fort-Rousset • Makoua • Késllé • Mbomo	Oyo Ntokou Etoumbi	
Mossaka	Mossaka	• Mossaka • Loukoléla	Tchikapi-ka	
Sangha	Ouesso	• Ouesso • Sembé • Souanké	Picounda	Ouesso
Likouala	Impfondo	• Impfondo • Dongou • Epéna	Liranga Enyellé Bétou	
15 préfectures	**15 chefs-lieux**	**44 sous-préfectures**	**25 PCA**	**5 communes**

PARLEMENT
DU CONGO

REPUBLIQUE

Unité*Travail*Progrès

-o-o-o-o-o-o-o-

LOI N° 19-95 du 18 SEPTEMBRE 1995 ERIGEANT LES POSTES DE CONTROLES ADMINISTRATIFS ET CERTAINES AUTRES LOCALITES EN DISTRICTS.

« L'ASSEMBLEE NATIONALE ET LE SENAT ONT DELIBERE ET ADOPTE :
LE PRESIDENT DE LA REPUBLIQUE PROMULGUE LA LOI DONT LA TENEUR SUIT :

Article 1er : Sont érigés en district les anciens Postes de Contrôle Administratif et certaines autres localités ci-après :

1- **REGION DE LA SANGHA**

- Ngbala
- Pikounda

2- **REGION DE LA LIKOUALA**

- Bétou
- Bouanila
- Enyellé
- Liranga

5- **REGION DES PLATEAUX**

Allembé
Ollombo
Makotipoko
Ongogni
Mbon
Ngo
Mpouya

6- **REGION DU POOL**

Mbanza-Ndounga
Vindza
Louingui
Ignié
Loumo

3- **REGION DE LA CUVETTE**

- Ngoko
- Ntokou
- Tchikapika

4- **REGION DE LA CUVETTE-OUEST**

- Etoumbi
- Mbama

7- **REGION DE LA BOUENZA**

Kingoué
Tsiaki
Mabombo
Yamba

8- **REGION DU NIARI**

Banda
Makabana
Londela-Kayes
Mbinda
Moungoundou sud
Nyanga
Moungoundou nord

9- **REGION DU KOUILOU**

Nzambi
Tchamba-Nzassi

Article 2 : Jusqu'aux élections prochaines, les districts ainsi créés sont administrés par une délégation spéciale nommée par décret pris en conseil de ministres sur proposition du ministre de tutelle.

Article 3 : La délégation spéciale est composée d'un Président, un vice-président et un secrétaire.

Article 4 : Des textes ultérieurs détermineront en cas de besoin le ressort territorial de chaque district.

Article 5 : La présente loi sera publiée au journal officiel de la République du Congo et exécutée comme loi de l'Etat.

Fait à Brazzaville, le 18 septembre 1995

Par le Président de la république

(e) **Professeur Pascal LISSOUBA**

Le Premier Ministre,
Chef du gouvernement,
(e) <u>Général Jacques Joachim YHOMBI-OPANGO</u>

Le Ministre d'Etat, Ministre de la Décentralisation administrative et économique, chargé de la Coordination, du Développement et de la Planification régionale
(e) **<u>Maître Martin MBERI</u>**

Le Ministre d'Etat, Ministre de l'Intérieur, chargé de la Sécurité et du Développement urbain

(e) <u>Colonel Philippe BIKINKITA</u>

Pour le Ministre de l'Economie et des Finances, chargé du Plan et de la Prospective en mission

Le Ministre d'Etat assurant l'intérim

(e) <u>Colonel Philippe BIKINKITA »</u>

PARLEMENT

REPUBLIQUE DU CONGO
Unité*Travail*Progrès

-..-..-.

Loi n° 21-97 du 12 juillet 1997
portant création du district de MAYEYE

« L'Assemblée nationale et le sénat ont délibéré et adopté :
Le Président de la république promulgue la loi dont la teneur suit :

Article 1er : Il est créé dans la région de la Lékoumou un district dénommé « district de MAYEYE ».

Article 2 : Le ressort territorial du district de MAYEYE comprend les villages Panda, Boudouhou, Idoubi, Makanda, Ihoundou-Matoko, Mikakaya, Lilendé, Indzeri, Ndziembo, Ikaya, Mimbassi, Moussoumou, Ouaka, Minguelé, Mayéyé, Doudou et Matoto.

Article 3 : Le chef-lieu du district de MAYEYE est MAYEYE.

Article 4 : La présente loi qui abroge toutes les dispositions contraires sera publiée au Journal officiel et exécutée comme loi de l'Etat.

Fait à Brazzaville,

(e) Professeur Pascal LISSOUBA »

PARLEMENT

REPUBLIQUE DU CONGO
Unité*Travail*Progrès

Loi n° 19-97 du 12 juillet 1997
portant création du district de YAYA

« L'Assemblée nationale et le sénat ont délibéré et adopté :

Le Président de la république promulgue la loi dont la teneur suit :

Article 1er : Il est créé dans la région du Niari un district dénommé « district de YAYA ».

Article 2 : Le ressort territorial du district de YAYA comprend les cantons Boubita, Nzoko-Bita, Bita-Missié, Madzou-Ngoulou et Ngapene.

Article 3 : Le Chef lieu du district de YAYA est YAYA.

Article 4 : La présente loi qui abroge toutes les dispositions contraires sera publiée au Journal officiel et exécutée comme loi de l'Etat.

Fait à Brazzaville,

(e) Professeur Pascal LISSOUBA »

PARLEMENT

REPUBLIQUE DU CONGO
Unité*Travail*Progrès

—··—··—·

Loi n° 20-97 du 12 juillet 1997
portant création du district de KIMBA

« L'Assemblée nationale et le sénat ont délibéré et adopté :
Le Président de la république promulgue la loi dont la teneur suit :

Article 1er : Il est créé dans la région du Niari un district dénommé « district de KIMBA ».

Article 2 : Le ressort territorial du district de KIMBA comprend les cantons Ntouoni-Moungoué, Ngambiki, Douze Manières et Miampika.

Article 3 : Le chef-lieu du district de KIMBA est KIMBA.

Article 4 : La présente loi qui abroge toutes les dispositions contraires sera publiée au Journal officiel et exécutée comme loi de l'Etat.

Fait à Brazzaville,

(e) Professeur Pascal LISSOUBA »

MINSTERE DE L'INTERIEUR,
DE LA SECURITE ET DE
L'ADMINISTRATION DU TERRITOIRE

DIRECTION GENERALE DE
L'ADMINISTRATION DU TERRITOIRE

DIRECTION DES COLLECTIVITES TERRITORIALES

REPUBLIQUE DU CONGO
*Unité*Travail*Progrès*

ORGANISATION ADMINISTRATIVE DE LA REPUBLIQUE DU CONGO

REGIONS	CHEFS-LIEUX	DISTRICTS	COMMUNES	ARRONDISSE-MENTS
			Brazzaville	-Makélékélé -Bacongo -Poto-Poto -Moungali -Ouenzé -Talangaï -Mfilou
Kouilou	Pointe-Noire	-Hinda -Kakamoeka -Mvouti -Madingo-kayes -Nzambi -Tchamba-Nzassi	Pointe-Noire	-Lumumba -Mvoumvou -Tié-Tié -Loandjili

Niari	Dolisie	-Moutamba -Divénié -Kimongo -Kibangou -Mayoko -Louvakou -Makabana -Banda -Moungou-ndou nord -Moungou-ndou sud -Nyanga -Mbinda -Landela-kayes -Yaya	Dolisie Mossendjo	-Arrondissement 1 -Arrondissement 2
Bouenza	Madingou	-Madingo-kayes -Boko-Songho -Mouyondzi -Mfouati -Loudima -Kingoué -Tsiaki -Mabombo -Yamba	Nkayi	
Lékoumou	Sibiti	-Bambama -Zanaga -Sibiti -Komono -Mayéyé		
Pool	Kinkala	-Kinkala -Boko -Mindouli -Goma Tsé-Tsé -Mayama -Mbandza-Ndounga -Ngabé -Loumo -Louingui -Vindza -Igné -Kimba		

Plateaux	Djambala	-Djambala -Gamboma -Lékana -Abala -Ngo -Mbon -Mpouya -Allembé -Ollombo -Makotipoko -Ongoni		
Cuvette	Owando	-Owando -Makoua -Boundji -Mossaka - Oyo -Loukoléla -Ntokou -Ngoko -Tchikapika		
Cuvette-Ouest	Ewo	-Ewo -Kéllé -Okoyo -Mbomo -Mbama -Etoumbi		
Sangha	Ouesso	-Souanké -Mokéko -Sembé -Pikounda -Ngbala	Ouesso	
Likouala	Impfondo	-Impfondo -Dongou -Epéna -Bétou -Enyéllé -Liranga -Bouaniéla		

NOMBRE DE REGIONS : 10
NOMBRE DE DISTRICTS : 86
NOMBRE DE COMMUNES : 06
NOMBRE D'ARRONDISSEMENTS : 13

Références pour le chapitre 1, troisième partie

Sources :

- Décret n° 2002 – 173 du 23 mars 2002 déterminant les circonscriptions électorales aux élections législatives de mai 2002 et fixant les limites de ces circonscriptions.
- Loi n° 5 – 2007 du 25 mai 2007 modifiant et complétant certaines dispositions de la loi n° 9 – 2001 du 10 décembre 2001 portant loi électorale.

PRESIDENCE DE LA REPUBLIQUE

SECRETARIAT GENERAL
DU GOUVERNEMENT

REPUBLIQUE DU CONGO
Unité*Travail*Progrès

Décret n° 2002-173 du 23 mars 2002 déterminant les circonscriptions électorales aux législatives de mai 2002 et fixant les limites de ces circonscriptions.

LE PRESIDENT DE LA REPUBLIQUE,

« Vu l'Acte fondamental ;

Vu, la loi n°9-2001 du 10 décembre 2001 portant loi électorale :
Vu, ensemble, les décrets n°s 99-1 du 12 janvier 1999 et 2001-219 du 8 mai 2001 portant nomination des membres du gouvernement ;
Vu, le décret 99-2 du 12 janvier 1999 portant organisation des intérims des membres du gouvernement ;

En Conseil des ministres.

DECRETE

Article premier : Le présent décret détermine, conformément à l'article 54 de la loi n°9-2001 du 10 décembre 2001 portant loi électorale, le nombre de circonscriptions électorales aux élections législatives au scrutin uninominal.

Article 2 : Les limites des circonscriptions électorales pour les élections législatives citées à l'article précédent sont déterminées ainsi qu'il suit :

I- **REGION DU KOUILOU : 19 circonscriptions électorales.**

1°/ Commune de Pointe-Noire : 11 circonscriptions électorales

a) Arrondissement n°1 : Emery Patrice Lumumba

Trois circonscriptions électorales :

- La première : centre-ville, quartiers 101, 108, 102, 111, 112.
- La deuxième : quartiers 103, 104, 105, 109.
- La troisième : quartiers 106, 107, 110.

b) Arrondissements n°2 : Mvou-Mvou

Deux circonscriptions électorales :

- La première : quartiers 201, 201 bis, 202, 203, 205.
- La deuxième : quartiers 204, 206, 207, 208, 209 et 210.

c) Arrondissement n°3 : Tié-Tié

Trois circonscriptions électorales :

- La première : quartiers 301, 302, 303, 305.
- La deuxième : quartiers 304, 306, 307, 308, 316.
- La troisième : quartiers 309, 310, 311, 312, 313, 314, 315 et 317.

d) Arrondissement n°4 : Loandjili

Trois circonscriptions électorales :

- La première : quartiers 401, 402, 403, 404, 405, 407, 408.
- La deuxième : quartiers 406, 409, 410, 417, 418, 419, 420.
- La troisième : quartiers 411, 412, 413, 414, 415, 416.

2°/ District de Hinda : **2 circonscriptions électorales**

1e circonscription électorale :
Limitée par l'usine de traitement des eaux - gare Ngondji (ex patra) - Tchiniambi - Loémé, ruisseau la Loémé - frontière avec le district de Mvouti - droite rectiligne parallèle à l'axe chemin de fer jusqu'à l'usine des eaux.

2e circonscription électorale :
Limitée par l'Océan atlantique - rivière rouge - tracé rectiligne, pont-route Bas-Kouilou - usine des eaux - tracé rectiligne parallèle à l'axe du CFCO - rivière Ntombo par Mongo Ntandou - fleuve Kouilou et Océan atlantique.

3°/ District de Mvouti : 2 circonscriptions électorales

1e circonscription électorale :
Limite avec le district de Hinda - droite rectiligne passant entre les localités de Piliknondi et Tchissila, Doumanga, Kipossi et Nsessé - limite avec la région du Niari - limite avec le district de Kakamoéka.

2e circonscription électorale :
Limite avec le district de Hinda - droite rectiligne passant par Yanga - Bilala -Bilinga - frontière avec le Niari par Mvoungouti - frontière avec le Cabinda par Banga et limite avec le district de Hinda par Louvenza.

4°/ District de Tchiamba-Nzassi

- Circonscription électorale unique couvrant les limites administratives du district

5°/ District de Madingo-kayes

- Circonscription électorale unique couvrant les limites administratives du district.

6°/ District de Nzambi

- Circonscription électorale unique couvrant les limites administratives du district.

7°/ District de Kakamoéka

- Circonscription électorale unique couvrant les limites administratives du district.

II- REGION DU NIARI : 17 circonscriptions électorales

Dont :

- Commune de Dolisie	2
- Commune de Mossendjo	1
- District	14

a) Pour les communes

1°/ Dolisie

1e circonscription électorale : Arrondissement 2
Limitée :

- au Nord par les montagnes de Mangandji ;
- au Sud par la rivière de Tsila ;
- à l'Est par la rivière Loubomo ;
- à l'Ouest par l'avenue Félix Eboué, prolongée par le CFCO, à partir du passage à niveau comprenant les quartiers : centre-ville, Gaya I, Gaya II, CQ n°23, Armée du Salut, Camp CFCO, Tsila I, Tsila II, Lissanga-Petit-Zanaga, Youloupoungui (quartier télévision) et Mangandzi.

2e circonscription électorale : Arrondissement 1
Limitée :

- au Nord par l'arrondissement 2 via l'avenue Félix Eboué et le CFCO au passage à niveau ;
- au Sud par le district de Louva ou au-delà de la rivière Loubomo ;
- à l'Est par le district de Louvakou au village Mikokoto ;
- à l'Ouest par le district de Louvakou au village Moukondo, comprenant les quartiers : CQ n°1 Batéké, CQ n°2 Baloumbou, CQ n°3 Bacongo, CQ n°4 Bacongo, CQ n°5 Batsangui, CQ n°6 Bakougni, CQ n°7 Bacongo, CQ n°8 Capable, CQ n°9 Tahiti et CQ n°10 Dimébéko.

2°/ Mossendjo

Unique circonscription électorale limitée :

- au Nord par le village Moralala ;
- au Sud par le village Madouma ;
- à l'Ouest par la source Mbouyi ;
- à l'Ouest par le marigot Bapama, comprenant les quartiers : CQ n°2 Mozart et capable, CQ n°1, CQ n°3 Makengué, CQ n°9 la Gare I, et CQ n° 10 la gare II.

Pour les districts :

1°/ District de Louvakou

- Circonscription électorale unique couvrant les limites administratives du district.

2°/ District de Kibangou

- Circonscription électorale unique couvrant les limites administratives du district.

3°/ District de Banda

- Circonscription électorale unique couvrant les limites administratives du district.

4°/ District de Nyanga

- Circonscription électorale unique couvrant les limites administratives du district.

5°/ District de Divenié

- Circonscription électorale unique couvrant les limites administratives du district.

6°/ District de Makabana

- Circonscription électorale unique couvrant les limites administratives du district.

7°/ District de Moutamba

- Circonscription électorale unique couvrant les limites administratives du district.

8°/ District de Yaya

- Circonscription électorale unique couvrant les limites administratives du district.

9°/ District de Moungoundou Nord

- Circonscription électorale unique couvrant les limites administratives du district.

10°/ District de Moungoundou Sud

- Circonscription électorale unique couvrant les limites administratives du district.

11°/ District de Mayoko

- Circonscription électorale unique couvrant les limites administratives du district.

12°/ District de Mbinda

- Circonscription électorale unique couvrant les limites administratives du district.

13°/ District de Kimongo

- Circonscription électorale unique couvrant les limites administratives du district.

14°/ District de Londela-Kayes

- Circonscription électorale unique couvrant les limites administratives du district.

III- REGION DE LA BOUENZA : 11 circonscriptions électorales

Dont :

- commune de N'kayi 1
- districts 10

a) Commune de N'kayi

- Circonscription électorale unique couvrant les limites administratives de la commune.

b) Les districts

1°/ District de Kayes

- Circonscription électorale unique couvrant les limites administratives du district.

2°/ District de Madingou

- Circonscription électorale unique couvrant les limites administratives du district.

3°/ District de Loudima

- Circonscription électorale unique couvrant les limites administratives du district.

4°/ District de Boko-Songho

- Circonscription électorale unique couvrant les limites administratives du district.

5°/ District de Mfouati

- Circonscription électorale unique couvrant les limites administratives du district.

6°/ District de Mouyondzi

- Circonscription électorale unique couvrant les limites administratives du district.

7°/ District de Yamba

- Circonscription électorale unique couvrant les limites administratives du district.

8°/ District de Kingoué

- Circonscription électorale unique couvrant les limites administratives du district.

9°/ District de Tsiaki

- Circonscription électorale unique couvrant les limites administratives du district.

10°/ District de Mabombo

- Circonscription électorale unique couvrant les limites administratives du district.

IV- REGION DE LA LEKOUMOU : 6 circonscriptions électorales.

Dont :

- Sibiti	2	- Bambama	1
- Komono	1	- Mayéyé	1
- Zanaga	1		

1°/ District de Sibiti

a) Circonscription n°1

Composée par les quartiers 1, 2 et 7 de Sibiti-centre, et les villages des axes Kendi, Komono, Zanaga et Mayéyé.

b) Circonscription n°2
Couvrant les quartiers 3, 4, 5 et 6 de Sibiti-centre, et les villages des axes de Bekole et Loudima.

2°/ District de Komono

- Circonscription électorale unique couvrant les limites administratives du district.

3°/ District de Zanaga

- Circonscription électorale unique couvrant les limites administratives du district.

4°/ District de Bambama

- Circonscription électorale unique couvrant les limites administratives du district.

5°/ District de Mayéyé

- Circonscription électorale unique couvrant les limites administratives du district.

VI- REGION DU POOL : 14 circonscriptions élexctorales

1°/ District de Kinkala

- Circonscription électorale unique couvrant les limites administratives du district.

2°/ District de Mindouli : 2 circonscriptions électorales

a) Circonscription n°1
Limitée :

- au Nord et au Nord-Ouest par le district de Kindamba et le fleuve Niari, limite avec la région de la Bouenza.
- au Sud par la frontière avec la RDC ;
- à l'Est par le district de kinkala ;
- à l'Ouest par la rivière Louvisi orientale (Mbouaboua), l'axe de la frontière de la RDC et le pont sur la même rivière, excluant Mpassa-Mines, comprenant la ville de Mindouli ou Mindouli-centre.

b) Circonscription n°2
Couvrant le territoire de l'ancien canton Mouanda-Mboungou :

- au Nord par le fleuve Niari ;
- à l'Est par la rivière Mbouamboua et le prolongement de l'axe partant de la RDC au pont, sur la rivière Mbouaba ;
- au Sud par la frontière avec la RDC ;

- à l'Ouest par la rivière Louvizi.

3°/ District de Boko

- Circonscription électorale unique couvrant les limites administratives du district.

4°/ District de Louingui

- Circonscription électorale unique couvrant les limites administratives du district.

5°/ District de Loumo

- Circonscription électorale unique couvrant les limites administratives du district.

6°/ District de Mbanza-Ndounga

- Circonscription électorale unique couvrant les limites administratives du district.

7°/ District de Kimba

- Circonscription électorale unique couvrant les limites administratives du district.

8°/ District de Kindamba

- Circonscription électorale unique couvrant les limites administratives du district.

9°/ District de Vindza

- Circonscription électorale unique couvrant les limites administratives du district.

10°/ District de Mayama

- Circonscription électorale unique couvrant les limites administratives du district.

11°/ District de Goma tsé-tsé

- Circonscription électorale unique couvrant les limites administratives du district.

12°/ District d'Ignié

- Circonscription électorale unique couvrant les limites administratives du district.

13°/ District de Ngabé

- Circonscription électorale unique couvrant les limites administratives du district.

VII- REGION DES PLATEAUX : 13 circonscriptions

1°/ District de Gamboma : 2 circonscriptions électorales.

a) Circonscription n°1 :
Gamboma-centre, couvrant le périmètre urbain comprenant le centre-ville et tous les quartiers.

b) Circonscription n°2 :
Gamboma extérieur, comprenant tous les villages et hameaux situés hors de la ville et dans les différentes administrations du district.

2°/ District d'Ollombo : 2 circonscriptions électorales.

a) Circonscription n°1 :
Circonscription électorale située à gauche de la route nationale n°2, couvrant les villages et bureaux des zones : Como, Alima, Ndjalé-Itsé et les quartiers d'Ollombo-centre.

b) Circonscription n°2 :
Circonscription électorale située à droite de la nationale n°2, couvrant les villages des zones Odendoula et Pombo.

3°/ District d'Ongogni

- Circonscription électorale unique couvrant les limites administratives district.

4°/ District de Djambala

- Circonscription électorale unique couvrant les limites administratives du district.

5°/ district de Lékana

- Circonscription électorale unique couvrant les limites administratives du district

6°/ District de Mbon

- Circonscription électorale unique couvrant les limites administratives du district.

7°/ District de Ngo

- Circonscription électorale unique couvrant les limites administratives du district.

8°/ District de Mpouya

- Circonscription électorale unique couvrant les limites administratives du district.

9°/ District de Makotipoko

- Circonscription électorale unique couvrant les limites administratives du district.

10°/ District d'Abala

- Circonscription électorale unique couvrant les limites administratives du district.

11°/ District d'Allembe

- Circonscription électorale unique couvrant les limites administratives du district.

VIII- REGION DE LA CUVETTE-OUEST : 7 circonscriptions électorales.

1°/ District d'Ewo : 2 circonscriptions électorales.

a) Circonscription n°1 :
Circonscription électorale comprenant les quartiers Bouta, Kangamitéma de la ville d'Ewo et les villages Omoyi, Youlokoyo, Onguia-Opigui, Lemvouli, Lébili, Lékouna, Ndjo, Vaga, Nkori, Dzo, Mbou, Ondouna, Mbouli, Akou, Akaya, Kemvani, Ollou, Ndoumbi, Dzouama, Ayandza, Yaba-La-Belle, Kemvouomo, Ntsayi, Baya, Obemba, Okondo I, Okondo II, Obana I, Obana II, Serré, Olloua, Eka, Embimi, Kébouya, Kouya, Obana II, Ombala.

b) Circonscription n°2 :
Circonscription électorale comprenant les quartiers Ouenzé, centre de la ville d'Ewo et les villages Ewo-village, Otari, Yama, Obili, Ngayi, Oyou-Gaboma, Kebouya, Okâ, Létoumbou, Allémé, Ngami, Oboko-Oyendzé, Eti, Ossélé, Abéké, Bia I, Bia II, Ntchouo, Kibili, Lembessi, Oboukou, Essangui, Ekéyi, Elolo, Kessala, Yaba-Mbéti.

2°/ District d'Okoyo

- Circonscription électorale unique couvrant les limites administratives du district.

3°/ District de Mbama

- Circonscription électorale unique couvrant les limites administratives du district.

4°/ District de Mbomo

- Circonscription électorale unique couvrant les limites administratives du district.

5°/ District d'Etoumbi

- Circonscription électorale unique couvrant les limites administratives du district.

6°/ District de Kellé

- Circonscription électorale unique couvrant les limites administratives du district.

XVI- REGION DE LA CUVETTE : 11 circonscriptions électorales

1°/ District d'Owando : 2 circonscriptions électorales.

a) Circonscription n°1 :
Couvre la ville d'Owando, partant du côté de l'avenue Marien Ngouabi jusqu'aux limites du district avec celles de Makoua

- au Nord-est la circonscription s'étend jusqu'aux limites du district avec celles de Ngoko et de Mbama.
- au Sud par les limites avec les districts de Mossaka et de Ntokou.

b) Circonscription n°2 :
Couvre la ville d'Owando du côté ouest de l'avenue Marien Ngouabi jusqu'aux limites avec le district de Ngoko au Nord, les districts de Boundji à l'Ouest, de Mossaka à l'Est et d'Oyo au Sud.

2°/ District de Makoua

- Circonscription électorale unique couvrant les limites administratives du district.

3°/ District d'Oyo

- Circonscription électorale unique couvrant les limites administratives du district.

4°/ District de Boundji

- Circonscription électorale unique couvrant les limites administratives du district.

5°/ District de Ngoko

- Circonscription électorale unique couvrant les limites administratives du district.

6°/ District de Loukoléla

- Circonscription électorale unique couvrant les limites administratives du district.

7°/ District de Tchikapika

- Circonscription électorale unique couvrant les limites administratives du district.

8°/ District de Ntokou

- Circonscription électorale unique couvrant les limites administratives du district.

9°/ District de Mossaka : 2 circonscriptions électorales.

a) Circonscription n°1 :
Couvre le périmètre urbain de la ville de Mossaka.

b) circonscription n°2 :
Mossaka extérieur comme tous les villages et hameaux du district, dans tous les axes.

X- REGION DE LA SANGHA : 6 circonscriptions électorales.

1°/ Commune de Ouesso

- Circonscription électorale unique couvrant les limites administratives de la commune.

2°/ District de Souanké

- Circonscription électorale unique couvrant les limites administratives du district.

3°/ District de Sembé

- Circonscription électorale unique couvrant les limites administratives du district.

4°/ District de Ngbala

- Circonscription électorale unique couvrant les limites administratives du district.

5°/ District de Mokéko

- Circonscription électorale unique couvrant les limites administratives du district.

6°/ District de Pikounda

- Circonscription électorale unique couvrant les limites administratives du district

XI- REGION DE LA LIKOUALA : 8 circonscriptions

1°/ District d'Epéna : 2 circonscriptions électorales.

a) Circonscription n°1 :
Va du pont de la Likouala-aux-herbes du village Matoko au Nord au village Dzéké au Sud, couvrant ainsi Epéna-centre, les villages Ibolo, Koundoumou, Hanga, Mohonda, Boha, Impongui, Mabongo, Epéna-village, Elenda, Moumenguélé et Djéké.

b) Circonscription n°2 :
Va du village Bimbo sur la route d'Impfondo-Epéna jusqu'au village Moukengui, et comprenant les vilages : Boléké, Bossimba, Liwesso, Bossela, Bosséka, Bongandzi, Botala, Ibaki, Kanio, Matoko, Makengo, Bokatola, Mabongo-Nkoto, Bondéko, Mbéti, Itonzi, Mbandza, Molembé, Otoumouaké, Yekola, Mboua, Mobangui, Mokendzé, Béne, Toukoulaka, Zele, Attention I, Attention II, Aubili, Longa et Mingaga.

2°/ District d'Impfondo

- Circonscription électorale unique couvrant les limites administratives du district.

3°/ District de Dongou

- Circonscription électorale unique couvrant les limites administratives du district.

4°/ District d'Enyellé

- Circonscription électorale unique couvrant les limites administratives du district.

5°/ District de Bétou

- Circonscription électorale unique couvrant les limites administratives du district.

6°/ District de Liranga

- Circonscription électorale unique couvrant les limites administratives du district.

7°/ District de Bouanéla

- Circonscription électorale unique couvrant les limites administratives du district.

XII- COMMUNE DE BRAZZAVILLE : 25 circonscriptions électorales

1°/ ARRONDISSEMENT 1 : MAKELEKELE

Cinq circonscriptions électorales

a) Circonscription n°1 :
Limitée au nord par l'avenue de l'OUA, à gauche, à l'Est par le Centre sportif jusqu'au pont du Djoué, et au Sud par la rivière Zanga dia ngombé, elle regroupe les quartiers 11 (Centre sportif), 12 (Mayoma), 17 (Sita dia tsiolo), 19 (Ngassa).

b) Circonscription n°2 :
Limitée à droite de l'Ecole St-Exupéry, Moukoundzi-Nngouaka au pont du Djoué, jusqu'aux rivières Mfilou et Maladie du sommeil à

l'Ouest et au Nord, elle comprend les quartiers 14 (Moukoundzi Ngouaka), 13 (Météo), 18 (Mamba-Bifouiti).

c) Circonscription n°3 :
Son territoire va du Ministère de l'Enseignement (ancienne Radio-Congo) jusqu'à l'abattoir, de la rivière Mfilou jusqu'au chemin de fer, au passage à niveau de Maya-Maya ; elle regroupe les quartiers Diata et Ngangouoni (Château d'eau).

d) Circonscription n°4 :
Son territoire part de l'ancien abattoir jusqu'au centre des lépreux à Kinsoundi-barrage au Sud, limité par le Djoué, au Nord par la ferme Nzoko jusqu'au Djoué. Cette circonscription comprend les quartiers Kingouari et Kinsoundi-Barrage.

e) Circonscription n°5 :
Elle est constituée de tous les quartiers périphériques au-delà du pont du Djoué. Ses limites sont donc au Sud, du fleuve Congo ; au nord, le Djoué ; à l'Est, le Djoué ; et à l'Ouest, Nganga-Lingolo (district de Goma Tsé-Tsé). Elle comprend les quartiers Mantsimou, Mafouta, Poto-Poto Djoué, Massissia, Kombé et Ntsangamani (Kilomètre 17).

2°/ ARRONDISSEMENT 2 : BACONGO

Deux circonscriptions électorales

a) Circonscription n°1 : quartiers 24, 28 et 29

b) Circonscription n°2 : quartiers 21, 22, 23, 25, 26 et 27

3°/ ARRONDISSEMENT 3 : POTO-POTO

Trois circonscriptions électorales

a) Circonscription n°1 : quartiers 31 et 32

b) Circonscription n°2 : quartiers 33 et 36

c) Circonscription n°3 : quartiers 34 et 35

4°/ ARRODISSEMENT 4 : MOUNGALI

Trois circonscriptions électorales

a) Circonscription n°1 : quartiers 41, 45 et 46

b) Circonscription n°2 : quartiers 42, 43 et 44

c) Circonscription n°3 : quartiers 47, 48 et 49

5°/ ARRONDISSEMENT 5 : OUENZE

Quatre circonscriptions électorales

a) Circonscription n°1 : quartiers 51, 59 et 54

b) Circonscription n°2 : quartiers 52, 53 et 55

c) Circonscription n°3 : quartiers 56 et 57

d) Circonscription n°4 : quartiers 58 et 58 bis

6°/ ARRONDISSEMENT 6 : TALANGAÏ

Six circonscriptions électorales

a) Circonscription n°1 : quartiers 61 et 62

b) Circonscription n°2 : quartiers 64 et 65

c) Circonscription n°3 : quartiers 63 et 66

d) Circonscription n°4 : quartiers 67

e) Circonscription n°5 : quartiers 68

f) Circonscription n°6 : quartiers 69, 610, Nkombo, Impoh Manianga et Makabandilou

7°/ ARRONDISSEMENT 7 : MFILOU

Deux circonscriptions électorales

a) Circonscription n°1 : comprend les quartiers Kiélé-Tenard, Nzoko-Mbimi, Massina, Mpiéré-Mpiéré, Moutabala, Mbouala, Kibouendé, Kahounga, Indzouli et Ngambio.

b) Circonscription n°2 : comprend les quartiers Case-Barnier, Itsali, Cité des 17, Mikalou-Madzouna, Matari et Itatolo ».

Loi n° 5-2007 du 25 mai 2007 modifiant et complétant certaines dispositions de la loi n°9-2001 du 10 décembre 2001 portant loi électorale.

« L'Assemblée nationale et le Sénat ont délibéré et adopté :

Le Président de la République promulgue la loi dont la teneur suit :

Article1er : Les articles 2, 11, 17, 25, 38, 54, 55, 57, 58, 61, 62, 65, 66, 67, 69, 72, 73, 77, 83, 88, 97, 98, 99, 112, 149, 150 et 151 sont modifiés et complétés ainsi qu'il suit :

Article 2 nouveau : les élections visées par la présente loi sont les suivantes :

- le référendum ;
- l'élection du Président de la République ;
- l'élection des députés à l'Assemblée nationale ;
- l'élection des conseillers départementaux et municipaux ;
- l'élection des sénateurs.

Article 11 nouveau : Nul ne peut être inscrit sur plusieurs listes électorales. Lors d'un changement définitif de domicile, l'électeur inscrit sur une liste électorale sollicite immédiatement, dans les trois mois de ce changement, sa radiation de cette liste et son inscription dans sa nouvelle circonscription de résidence.

Article 17 nouveau : Il est créé une Commission nationale d'organisation des élections, en abrégé CONEL.

La Commission nationale d'organisation des élections est un organe indépendant doté de l'autonomie financière.

Au sens de la présente loi, l'indépendance s'entend de la capacité de fonctionner effectivement et de prendre des décisions concernant l'organisation, la gestion et la conduite des élections dans le respect des textes en vigueur.

La commission nationale d'organisation des élections garantit l'impartialité, la transparence et la régularité des élections.

A ce titre elle a pour mission :

a) au stade des actes préparatoires exécutés par l'administration :

- de suivre et de veiller à l'accomplissement des actes préparatoires.

b) au stade de l'organisation du scrutin

- de veiller au bon déroulement de la campagne électorale ;
- d'assurer, de concert avec l'administration, la formation des membres des bureaux de vote ;
- d'assurer, de concert avec l'administration, la distribution des cartes des électeurs ;
- de vérifier et d'assurer l'affichage des listes électorales ;
- de concevoir et de mettre en œuvre, de concert avec l'administration, une campagne d'éducation civique et morale de la population sur les élections ;
- d'exécuter et d'assurer le suivi des opérations électorales ;
- de centraliser et de traiter les résultats électoraux en provenance des commissions locales ;
- de proposer à l'administration toutes mesures susceptibles de contribuer à la bonne tenue des élections ;
- de transmettre les résultats au ministre en charge des élections et au juge constitutionnel.

Article 25, alinéa 2 : Elle est réservée aux partis et groupements politiques, aux candidats indépendants et aux candidats d'une liste, et à ceux qui les soutiennent.
Article 38 nouveau : Les émissions de propagande électorale sont celles qui permettent à un candidat de présenter son programme électoral.

Article 54, alinéa 2 : Les limites des circonscriptions électorales pour les élections législatives sont déterminées ainsi qu'il suit :

I- DEPARTEMENT DU KOUILOU : 19 circonscriptions électorales

1°/ Commune de Pointe-Noire : 11 circonscriptions électorales

a) Arrondissement n°1 : Emery Patrice Lumumba

Trois circonscriptions électorales :
- La première : Centre-ville, quartiers 101, 102, 108, 111 et 112 ;
- La deuxième : quartiers 103, 104, 105 et 109 ;
- La troisième : 106, 107 et 110.

b) Arrondissement n° 2 : Mvou-Mvou

Deux circonscriptions électorales :
- La première : quartiers 201, 201 bis, 202, 203 et 205.
- La deuxième : quartiers 204, 206, 207, 208, 209 et 210.

c) Arrondissement n° 3 : Tié-Tié

Trois circonscriptions électorales :
- La première : quartiers 301, 302, 303 et 305 ;
- La deuxième : quartiers 304, 306, 307, 308 et 316 ;
- La troisième : quartiers 309, 310, 311, 312, 313, 314, 315 et 317.

d) Arrondissement 4 : Loandjili

Trois circonscriptions électorales :
- La première : quartiers 401, 402, 403, 404, 405, 407 et 408 ;
- La deuxième : quartiers 406, 409, 410, 417, 418, 419 et 420 ;
- La troisième : quartiers 411, 412, 413, 414, 415 et 416.

2°/ District de Hinda : 2 circonscriptions électorales

1e circonscription électorale :
Limitée par l'usine de traitement des eaux- gare Ngondji (ex Patra) - Tchiniambi- Loémé, ruisseau de la Loémé-frontière avec le district de

Mvouti-droite rectiligne parallèle à l'axe chemin de fer jusqu'à l'usine des eaux.

2e circonscription électorale :
Limitée par l'Océan atlantique-rivière rouge-tracé rectiligne, pont sur la route du Bas Kouilou, usine des eaux, tracé rectiligne parallèle à l'axe du CFCO-rivière Ntombo, par Mongo-Tandou, fleuve Kouilou-Océan atlantique.

3°/ District de Mvouti : 2 circonscriptions électorales

1e circonscription électorale :
Limitée par le district de Hinda, droite rectiligne passant entre les localités de Pilikondi et Tchissila, Doumanga, Kipossi et Nsessé, limite avec la région du Niari, limite avec le district de Kakamoeka.

2e circonscription électorale :
Limitée par le district de Hinda, droite rectiligne passant par Yanga, Bilala, Bilinga, frontière avec le Niari par Mvoungouti, frontière avec le Cabinda par Banga, et limite avec le district de Hinda par Louvenza.

4°/ District de Tchiamba-Nzassi
- circonscription électorale unique couvrant les limites administratives du district.

5°/ District de Madingo-Kayes
- circonscription électorale unique couvrant les limites administratives du district.

6°/ District de Nzambi
- circonscription électorale unique couvrant les limites administratives du district.

7°/ District de Kakamoeka
- circonscription électorale unique couvrant les limites administratives du district.

II- DEPARTEMENT DU NIARI :
17 circonscriptions électorales

- Commune de Dolisie : 2
- Commune de Mossendjo : 1

- Districts : 14

a) Pour les communes

1°/ Dolisie

1e circonscription électorale : Arrondissement 2
Limitée :

- au nord par les montagnes de Mangandzi ;
- au sud par la colline Tsila ;
- à l'est par la rivière Loubomo ;
- à l'ouest par l'avenue Félix Eboué prolongée par le CFCO, à partir du passage à niveau comprenant les quartiers centre-ville , Gaya I, Gaya II, CQ n° 23, Armée du Salut, Camp CFCO, Tsila I, Tsila II, Lissanga-petit-Zanaga, Youloupoungui (quartier télévision) et Mangandzi.

2e circonscription : Arrondissement 1
Limitée :

- au nord par l'arrondissement 2, l'avenue Félix Eboué et le CFCO, au passage à niveau ;
- au sud par le district de Louvakou au-delà de la rivière Loubomo ;
- à l'est par le district de Louvakou au village Mikokoto ;
- à l'ouest par le district de Louvakou au village Moukondo ;
- comprenant les quartiers : CQ n°1 Batéké, CQ n°2 Baloumbou, CQ n°3 Bacongo, CQ n°4 Bacongo, CQ n°5 Batsangui, CQ n°6 Bakouni, CQ n°7 Bacongo, CQ n°8 Capable, CQ n°9 Tahiti, et CQ n°10 Dimébéko.

2°/ Mossendjo

Unique circonscription électorale :

- au nord par le village Maralala ;
- au sud par le village Madouma ;
- à l'est par la source Mbouyi ;
- à l'ouest par le marigot Bapama comprenant les quartiers : CQ n°2 Mozart et Capable, CQ n°1, CQ n°3 Makengué, CQ n° 9 la gare I, CQ n°10 la gare II.

b) Pour les districts

1°/ District de Louvakou

- circonscription électorale unique couvrant les limites administratives du district.

2°/ District de Kibangou

- circonscription électorale unique couvrant les limites administratives du district.

3°/ District de Banda

- circonscription électorale unique couvrant les limites administratives du district.

4°/ District de Nyanga

- circonscription électorale unique couvrant les limites administratives du district.

5°/ District de Divenié

- circonscription électorale unique couvrant les limites administratives du district.

6°/ District de Makabana

- circonscription électorale unique couvrant les limites administratives du district.

7°/ District de Moutamba

- circonscription électorale unique couvrant les limites administratives du district.

8°/ District de Yaya

- circonscription électorale unique couvrant les limites administratives du district.

9°/ District de Moungoundou Sud

- circonscription électorale unique couvrant les limites administratives du district.

10°/ District de Moungoundou Nord

- circonscription électorale unique couvrant les limites administratives du district.

11°/ District de Mayoko

- circonscription électorale unique couvrant les limites administratives du district.

12°/ District de Mbinda

- circonscription électorale unique couvrant les limites administratives du district.

13°/ District de Kimongo

- circonscription électorale unique couvrant les limites administratives du district.

14°/ District de Londela-Kayes

- circonscription électorale unique couvrant les limites administratives du district.

III- DEPARTEMENT DE LA BOUENZA : 11 circonscriptions électorales

- Commune de N'kayi	1
- Districts :	10

a) Commune de N'kayi

- circonscription électorale unique couvrant les limites administratives de la commune.

b) Pour les districts

1°/ District de Kayes

- circonscription électorale unique couvrant les limites administratives du district.

2°/ District de Madingou

- circonscription électorale unique couvrant les limites administratives du district.

3°/ District de Loudima

- circonscription électorale unique couvrant les limites administratives du district.

4°/ District de Boko-Songho

- circonscription électorale unique couvrant les limites administratives du district.

5°/ District de Mfouati

- circonscription électorale unique couvrant les limites administrative du district.

6°/ District de Mouyondzi

- circonscription électorale unique couvrant les limites administratives du district.

7°/ District de Yamba

- circonscription électorale unique couvrant les limites administratives du district.

8°/ District de Kingoué

- circonscription électorale unique couvrant les limites administratives du district.

9°/ District de Tsiaki

- circonscription électorale unique couvrant les limites administratives du district.

10°/ District de Mabombo

- circonscription électorale unique couvrant les limites administratives du district.

IV- DEPARTEMENT DE LA LEKOUMOU : 6 circonscriptions électorales

- Sibiti	2
- Komono	1
- Zanaga :	1
- Bambabama	1
- Mayéyé	1

1°/ District de Sibiti

a) Circonscription n°1 :
Composée par les quartiers 1, 2 et 7 de Sibiti-centre et les villages des axes Kendi, Komono, Zanaga et Mayéyé.

b) Circonscription n°2 :
Couvrant les quartiers 3, 4, 5 et 6 de Sibiti-centre et les villages des axes Bekole et Loudima.

2°/ District de Komono

- circonscription électorale unique couvrant les limites administratives du district.

3°/ District de Zanaga

- circonscription électorale unique couvrant les limites administratives du district.

4°/ District de Bambama

- circonscription électorale unique couvrant les limites administratives du district.

5°/ District de Mayéyé

- circonscription électorale unique couvrant les limites administratives du district.

V-DEPARTEMENT DU POOL : 14 circonscriptions électorales

1°/ District de Kinkala

- circonscription électorale unique couvrant les limites administratives du district.

2°/ District de Mindouli : 2 circonscriptions électorales.

a) Circonscription n°1 :

Limitée au nord et au nord-ouest par le district de Kindamba et le fleuve Niari, limite avec le département de la Bouenza :

- au sud par la frontière avec la République démocratique du Congo ;
- à l'Est par le district de Kinkala ;
- à l'Ouest par la rivière Louvizi orientale (Mbouaboua), l'axe de la frontière avec la République démocratique et le pont sur la même rivière, excluant Mpassa-Mines, comprenant la ville de Mindouli ou Mindouli-centre.

b) Circonscription n°2 :

Couvrant le territoire de l'ancien canton « Mouanda-Mboungou » ;

- au nord par le fleuve Niari ;
- à l'est par la rivière « Mbouaboua » et le prolongement de l'axe partant de la République démocratique du Congo au pont sur la rivière Mbouaboua ;
- au sud par la frontière avec la République démocratique du Congo ;
- à l'ouest par la rivière Louvizi.

3°/ District de Boko

- circonscription électorale unique couvrant les limites administratives du district.

4°/ District de Loumo

- circonscription électorale unique couvrant les limites administratives du district.

5°/ District de Louingui

- circonscription électorale unique couvrant les limites administratives du district.

6°/ District de Mbandza-Ndounga

- circonscription électorale unique couvrant les limites administratives du district.

7°/ District de Kimba

- circonscription électorale unique couvrant les limites administratives du district.

8°/ District de Kindamba

- circonscription électorale unique couvrant les limites administratives du district.

9°/ District de Vindza

- circonscription électorale unique couvrant les limites administratives du district.

10°/ District de Mayama

- circonscription électorale unique couvrant les limites administratives du district.

11°/ District de Goma Tsé-Tsé

- circonscription électorale unique couvrant les limites administratives du district.

12°/ District d'Igné

- circonscription électorale unique couvrant les limites administratives du district.

13°/ District de Ngabé

- circonscription électorale unique couvrant les limites administratives du district.

VI- DEPARTEMENT DES PLATEAUX : 13 circonscriptions électorales

1°/ District de Gamboma : 2 circonscriptions électorales.

a) Circonscription n°1 :
Gamboma-centre, couvrant tout le périmètre urbain comprenant le centre-ville et tous les quartiers.

b) Circonscription n°2 :
Gamboma extérieur, comprenant tous les villages et hameaux situés hors de la ville et dans les différentes administrations du district.

2°/ District d'Ollombo : 2 circonscriptions électorales.

a) Circonscription n°1 :
Circonscription électorale située à gauche de la route nationale n°2, couvrant les villages et bureaux des zones Como, Alima, Ndjalé, Itsé et les quartiers d'Ollombo-centre.

b) Circonscription n°2 :
Circonscription électorale située à droite de la nationale n°2 couvrant les villages des zones Ondendoula et Pombo.

3°/ District d'Ongogni

- circonscription électorale unique couvrant les limites administratives du district.

4°/ District de Djambala

- circonscription électorale unique couvrant les limites administratives du district.

5°/ District de Lékana

- circonscription électorale unique couvrant les limites administratives du district.

6°/ District de Mbon

- circonscription électorale unique couvrant les limites administratives du district.

7°/ District de Ngo

- circonscription électorale unique couvrant les limites administratives du district.

8°/ District de Mpouya

- circonscription électorale unique couvrant les limites administratives du district.

9°/ District d'Abala

- circonscription électorale unique couvrant les limites administratives du district.

10°/ District d'Allembé

- circonscription électorale unique couvrant les limites administratives du district.

VII- DEPARTEMENT DE LA CUVETTE-OUEST : 7 circonscriptions électorales

1°/ District d'Ewo : 2 circonscriptions électorales

a) Circonscription n°1 :
Circonscription électorale comprenant les quartiers Bouta et Kangamitema de la ville d'Ewo, et les villages Omoyi, Youlokoyo, Onguia, Opingui, Lemvouli, Lébili, Lékouna, Vaga, Nkori, Dzo, Mbou, Ondouna, Mbouli, Akou, Akaya, Kemvani, Ollou, Ndoumbi, Dzouama, Ayandza, Yaba-La-Belle, Kemvouomo, Ntsayi, Baya, Obemba, Okondo I, Okondo II, Obana I, Obana II, Serré, Illoua, Eka, Embimi, Kébouya, Kouya, Ombala.

b) Circonscription n°2 :
Circonscription électorale comprenant les quartiers Ouenzé, centre de la ville d'Ewo, et les villages Ewo-village, Otari, Yama,Obili, Ngayi, Oyou-Gaboma, Kabouya, Oka, Etoumbou, Allemé, Ngami, Oyendzé, Eti, Ossélé, Abéké, Bia II, Ntchouo, Kébili, Lembessi, Oboukou, Essangui, Ekéyi, Elolo, Kessala, Yaba-Mbéti.

2°/ District d'Okoyo

- circonscription électorale unique couvrant les limites administratives du district.

3°/ District de Mbama

- circonscription électorale unique couvrant les limites administratives du district.

4°/ District de Mbomo

- circonscription électorale unique couvrant les limites administratives du district.

5°/ District d'Etoumbi

- circonscription électorale unique couvrant les limites administratives du district.

6°/ District de Kellé

- circonscription électorale unique couvrant les limites administratives du district.

VIII- DEPARTEMENT DE LA CUVETTE : 11 circonscriptions électorales

1°/ District d'Owando : 2 circonscriptions électorales.

a) Circonscription n°1 :
Couvre la ville d'Owando, partant du côté de l'avenue Marien NGOUABI jusqu'aux limites du district avec celles de Makoua.
- au nord-est, la circonscription s'étend jusqu'aux limites du district avec celles de Ngoko et de Mbama ;
- au Sud par les limites avec les districts de Mossaka et de Ntokou.

b) Circonscription n°2 :
Couvre la ville d'Owando, du côté ouest de l'avenue Marien NGOUABI jusqu'aux limites avec le district de Ngoko au nord, les districts de Boundji à l'ouest, de Mossaka à l'est et d'Oyo au sud.

2°/ District de Makoua

- circonscription électorale unique couvrant les limites administratives du district.

3°/ District d'Oyo

- circonscription électorale unique couvrant les limites administratives du district.

4°/ District de Boundji

- circonscription électorale unique couvrant les limites administratives du district.

5°/ District de Ngoko

- circonscription électorale unique couvrant les limites administratives du district.

6°/ District de Loukoléla

- circonscription électorale unique couvrant les limites administratives du district.

7°/ District de Tchikapika

- circonscription électorale unique couvrant les limites administratives du district.

8°/ District de Ntokou

- circonscription électorale unique couvrant les limites administratives du district.

9°/ District de Mossaka : 2 circonscriptions électorales

a) Circonscription n°1 :
Couvre le périmètre urbain de la ville de Mossaka.

b) Circonscription n°2 :
Mossaka extérieur comprenant tous les villages et hameaux du district, dans tous les axes.

IX- DEPARTEMENT DE LA SANGHA : 6 circonscriptions électorales

1°/ Commune de Ouesso

- circonscription électorale unique couvrant les limites administratives de la commune.

2°/ District de Souanké

- circonscription électorale unique couvrant les limites administratives du district.

3°/ District de Sembé

- circonscription électorale unique couvrant les limites administratives du district.

4°/ District de Ngbala

- circonscription électorale unique couvrant les limites administratives du district.

5°/ District de Mokéko

- circonscription électorale unique couvrant les limites administratives du district.

6°/ District de Pikounda

- circonscription électorale unique couvrant les limites administratives du district.

X- DEPARTEMENT DE LA LIKOUALA : 8 circonscriptions électorales

1°/ District d'Epéna : 2 circonscriptions électorales

a) Circonscription n°1 :
Va du pont de la likouala-aux-herbes du village Matolo au Nord au village de Dzébé au Sud, couvrant ainsi Epéna-centre, les villages Ibolo, Koundoumou, Hanga, Mohanda, Boha, Impongui, Mabongo, Epéna-village, Elenda, Moumguélé et Djéké.

b) Circonscription n°2 :
Va du village Bimbo sur la route Impfondo-Epéna jusqu'au village Moukéngui, et comprenant les villages Bokélé, Bossimba, Liwésso, Bosséka, Bongandzi, Botala, Ibaki, Kanio, Matoko, Mankéngo, Bokatola, Mabongo-Nkoto, Bondéko, Mbeti, Itonzi, Mbandza, Molémbé, Otoumouaké Yékola , Mboua, Mobangui, Mokéndzé, Béne, toukuolaka, Attention I, Attention II, Aubili, Longa et Minganga…

2°/ District d'Impfondo

- circonscription électorale unique couvrant les limites administratives du district.

3°/ District de Dongou

- circonscription électorale unique couvrant les limites administratives du district.

4°/ District d'Enyellé

- circonscription électorale unique couvrant les limites administratives du district.

5°/ District de Bétou

- circonscription électorale unique couvrant les limites administratives du district.

6°/ District de Liranga

- circonscription électorale unique couvrant les limites administratives du district.

7°/ District de Bouanéla

- circonscription électorale unique couvrant les limites administratives du district.

XI- Commune de BRAZZAVILLE : 25 circonscriptions électorales

1°/ ARRONDISSEMENT I : MAKELEKELE

Cinq circonscriptions électorales.

a) Circonscription 1 :

Limitée au nord par l'avenue de l'OUA, à gauche, à l'Est par le Centre sportif jusqu'au pont du Djoué, et au Sud par la rivière Zanga dia Ngombé, elle regroupe les quartiers 11 (Centre sportif), 12 (Mayoma), 17 (Sita dia tsiolo), 19 (Ngassa).

b) Circonscription n°2 :

Limitée à droite, de l'école St-Exupéry, Moukoundzi-Ngouaka au pont du Djoué, jusqu'aux rivières Mfilou et Maladie du sommeil à l'Ouet et au Nord, elle comprend les quartiers 14 (Moukoundzi-Ngouaka) 13(Météo), 18 (Mamba-Bifouiti).

c) Circonscription n°3 :

Son territoire va au Ministère de l'Enseignement (ancienne Radio-Congo) jusqu'à l'abattoir de la rivière Mfilou jusqu'au chemin de fer, au passage à niveau de Maya-Maya : elle regroupe les quartiers Diata et Ngangouoni (Château d'eau).

d) Circonscription 4 :

Son territoire part de l'ancien abattoir jusqu'au Centre des lépreux à Kinsoundi-barrage du Sud, limité par le Djoué, au Nord par la ferme Nzoko jusqu'au Djoué. Cette circonscription comprend les quartiers Kingouari et Kinsoundi-barrage.

e) Circonscription n°5 :

Elle est constituée de tous les quartiers périphériques au-delà du pont du Djoué. Ses limites sont donc ; au Sud, le fleuve Congo ; au nord, le Djoué ; à l'est, le Djoué ; et à l'ouest, Nganga-Lingolo (district de Goma Tsé-Tsé). Elle comprend les quartiers Mantsimou, Mafouta, Poto-poto-Djoué, Massissia, Madibou, Kombé et Ntsangamani (kilomètre17).

2°/ ARRONDISSEMENT II : BACONGO

Deux circonscriptions électorales :

a) Circonscription n°1 : quartiers 24, 28 et 29.

b) Circonscription n°2 : quartiers 21, 22, 23, 25, 26 et 27.

3°/ ARRONDISSEMENT III : POTO-POTO

Trois circonscriptions électorales :

a) circonscription n°1 : quartiers 31 et 32.
b) circonscription n°2 : quartiers 33et 36.
c) circonscription n°3 : quartiers 34 et 35.

4°/ ARRONDISSEMENT IV : MOUNGALI

Trois circonscriptions. Electorales :

a) circonscription n°1 : quartiers 41, 45 et 46
b) circonscription n°2 : quartiers 42, 43 et 44
c) circonscription n°3 : quartiers 47, 48 et 49

5°/ ARRONDISSEMENT V : OUENZE

Quatre circonscriptions électorales :

a) Circonscription n° 1: quartiers 51, 54 et 59
b) Circonscription n°2 : quartiers 52, 53 et 55
c) Circonscription n°3 : quartiers 56 et 57
d) Circonscription n°4 : quartiers 58 et 58 bis

6°/ ARRONDISSEMENT VI : TALANGAÏ

Six circonscriptions électorales.

a) Circonscription n° 1: quartiers 61 et 62
b) Circonscription n°2: quartiers 64 et 65

c) Circonscription n° 3: quartiers 63 et 66
d) Circonscription n° 4: quartier 67
e) Circonscription n°5: quartier 68
f) Circonscription n°6: quartiers 69, 610 Nkombo, Impoh, Manianga et Makabandilou

7°/ ARRONDISSEMENT VII : MFILOU

Deux circonscriptions

a) Circonscription n°1 : Comprend les quartiers Kiélé-Tenard, Nzoko-Mbimi, Massina, Mpiéré-Mpiéré, Moutabala, Mbouala, Kibouéndé, Kahounga, Indzouli et Ngambio.

a) Circonscription n°2 : Comprend les quartiers Case-Barnier, Itsali, Cité des 17, Mikalou-Madzouna, Matari et Itatolo.

Article 55 nouveau : Les candidats aux élections législatives doivent :

- Etre de nationalité congolaise ;
- Etre âgés de vingt-cinq ans au moins ;
- Résider sur le territoire national au moment de la présentation des listes de candidatures, à l'exception des personnes envoyées par l'Etat pour occuper un poste ou accomplir une mission à l'étranger et des fonctionnaires internationaux de courte durée (six mois) ;
- Jouir de tous les droits civils et politiques ;
- Ne pas avoir été condamnés pour crimes ou délits.

Article 57 nouveau : Ne peuvent être candidats dans aucune circonscription électorale pendant l'exercice de leurs fonctions :

- Les magistrats
- Les agents de la force publique
- Les préfets
- Les sous-préfets
- Les administrateurs-maires
- Les administrateurs-maires des communes urbaines et les administrateurs délégués des communes rurales
- Les secrétaires généraux des collectivités locales et des circonscriptions administratives ;

- Les secrétaires généraux, les directeurs généraux et les directeurs centraux des administrations publiques
- Les membres de la Commission nationale d'organisation des élections
- Les membres de la Cour constitutionnelle
- Les membres du Conseil économique et social
- Les membres du Conseil supérieur de la liberté de communication
- Les membres de la Commission nationale des droits de l'homme
- Le directeur général du Trésor
- Les directeurs départementaux du Trésor
- Les fondés de pouvoir du Trésor
- Les directeurs généraux, centraux, divisionnaires et départementaux des régies financières
- Le personnel diplomatique et consulaire
- Les secrétaires généraux, directeurs généraux et centraux des entreprises publiques et para publiques.

Article 58 nouveau : Sont incompatibles avec l'exercice d'un mandat parlementaire, les fonctions de :

- membre du gouvernement
- membre de la Cour constitutionnelle
- membre du Conseil supérieur de la liberté de communication
- membre de la Commission nationale des droits de l'homme
- membre de cabinet présidentiel et ministériel
- directeur général du Trésor
- directeur départemental du Trésor
- fondé du pouvoir du trésor
- directeur général, central, divisionnaire et départemental des régies financières
- secrétaire général, directeur général et central des entreprises publiques et para publiques
- directeur départemental et receveur de l'administration des entreprises publiques et para publiques
- membres de mission diplomatique et consulaire
- membre de la Commission nationale d'organisation des élections
- membre de la Cour suprême
- membre du Conseil économique et social
- agent de force publique
- préfet

- sous-préfet
- secrétaire général de collectivité territoriale
- administrateur-maire
- administrateur-maire de commune urbaine
- administrateur délégué de commune urbaine.

Article 61 nouveau : Les candidats aux élections législatives et au sénatoriales sont présentés par les partis ou par les groupements politiques.

Ils peuvent aussi se présenter comme candidats indépendants.

La présentation de candidature doit tenir compte de la représentativité des femmes à raison d'au moins 15% de candidatures.
Tout candidat aux élections législatives se présente avec son suppléant.

Article 62 nouveau : Tout candidat à l'Assemblée nationale fait une déclaration de candidature légalisée comportant :

- Ses nom et prénom(s), date et lieu de naissance, profession et domicile ;
- Un extrait d'acte de naissance ;
- Un casier judiciaire ;
- Un certificat de nationalité ;
- Un certificat de moralité fiscale ;
- Quatre photographies d'identité et le logo choisi pour ses affiches électorales ;
- Le nom du parti ou du groupement politique auquel il appartient ;
- L'indication de la circonscription électorale à laquelle il appartient ;
- Le récépissé de versement du cautionnement de 100 000 CFA, non remboursable, délivré par le Trésor public ;
- Une lettre de démission certifiée par l'autorité compétente ou de mise en disponibilité datée d'au moins un an avant la date de la tenue des élections.

Article 65 nouveau : En cas de décès d'un candidat pendant la campagne électorale, le parti ou le groupement politique qui l'a présenté procède à son remplacement.

S'il a été candidat indépendant, il peut être remplacé par son suppléant selon la procédure prévue à l'alinéa 1 ci-dessus.

En cas de décès d'un candidat pendant le déroulement du scrutin, l'élection est reportée pour cette circonscription.

L'administration, dans les trois cas, procède à la réimpression d'autres bulletins de vote.

Article 66 nouveau : Les députés sont élus au suffrage universel direct pour cinq ans, au scrutin uninominal à deux tours.

Est déclaré élu au premier tour, le candidat qui obtient la majorité absolue des suffrages exprimés.

Au deuxième tour, seuls restent en lice les deux candidats ayant obtenu le plus grand nombre de suffrages au premier tour.

Est déclaré élu au deuxième tour le candidat qui obtient le plus grand nombre de suffrages exprimés.

En cas d'égalité de voix au second tour entre les deux candidats restés en lice, le scrutin est repris.

Si l'égalité persiste, il est procédé à un tirage au sort pour départager les deux candidats.

Le mandat du candidat n'est pas impératif.

Les députés et les sénateurs perdent leur mandat s'ils font l'objet d'une condamnation à une peine d'emprisonnement ferme pour crimes ou délits volontaires.

Un député ou un sénateur élu, présenté par un parti ou un groupement politique, qui démissionne de son parti ou de son groupement politique en cours de législature, perd sa qualité de député ou de sénateur.

Dans les deux cas qui précèdent, il est procédé à des élections partielles.

Toute inéligibilité à la date des élections connues ultérieurement, de même que les incompatibilités et les incapacités prévues par la loi, entraine la perte du mandat de député ou de sénateur.

Article 67 nouveau : Les conseillers locaux sont élus pour une durée de cinq ans au scrutin de liste, à la représentation proportionnelle, sans panache, ni vote préférentiel.

Le vote des conseillers locaux se fait sur une liste des candidats élus au niveau de chaque district ou de chaque arrondissement de façon à assurer une représentativité équitable de tous les districts et de tous les arrondissements.

La présentation des candidatures doit tenir compte de la représentativité des femmes à raison de 20% au moins.
Nul ne peut être élu conseiller municipal ou départemental s'il est âgé au moins de 18 ans révolus.

Les élections locales sont organisées 20 jours au moins ou 50 jours au plus avant l'expiration du mandat des conseillers locaux.

Un conseiller local élu sur la base d'une liste d'un parti ou d'un groupement politique qui démissionne de son parti ou de son groupement politique en cours de mandat perd sa qualité de conseiller.

Dans ce cas, il est procédé à son remplacement par le candidat qui vient immédiatement sur la liste.

Article 69 nouveau : Les conditions énoncées à l'article 62 de la présente loi, à l'exception de l'alinéa 9, s'appliquent à l'élection des conseillers locaux.

Les conditions d'inéligibilité énoncées à l'article 57 s'appliquent à l'élection des conseillers locaux.

Article 79 nouveau : La répartition des sièges par département ou par commune est fixée ainsi qu'il suit:

- Département : 45 à 65 sièges
- Commune : 25 à 99 sièges

Article 73 nouveau : Le nombre des sièges dans les différents conseils locaux est fixé à 856 et réparti ainsi qu'il suit:

Département du Kouilou.................................55 sièges

Soit :

1- District de Mvouti...10
2- District de Kakamoeka.. 9
3- District de Madingo-kayes.. 9
4- District de Tchamba-Nzassi..10
5- District de Hinda 10
6- District de Nzambi..7

Département du Niari...................................61 sièges

Soit :

1- District de Moungoundou Sud..............................4
2- District de Banda...4
3- District de Moutamba...4
4- District de Moungoundou Nord............................4
5- District de Yaya..4
6- District de Mbinda..4
7- District de Mayoko...4
8- District de Divénié..5
9- District de Nyanga..4
10- District de Louvakou...5
11- District Londela kayes...4
12- District de Kimongo..5
13- District de Makabana..5
14- District de Kibangou..5

Département de la Bouenza...........................61 sièges

Soit :

1- District de Mfouati..6
2- District de Boko-Ssongho 6
3- District de Kayes 5
4- District de Kingoué..5
5- District de Loudima..8
6- District de Mabombo 5
7- District de Madingou 7
8- District de Mouyondzi..9
9- District de Tsiaki 5
10- District de Yamba...5

Département de la Lékoumou..........................47 sièges

Soit :

1- District de Sibiti 13
2- District de Zanaga....................................9
3- District de Komono....................................9
4- District de Bambama....................................7
5- District de Mayéyé....................................9

Département du Pool...............................61 sièges

Soit :

1- District de Kinkala....................................7
2- District de Boko....................................6
3- District de Mayama....................................4
4- District de Mindouli....................................9
5- District de Kindamba 5
6- District de Goma Tsé-Tsé....................................6
7- District de Louingui....................................3
8- District de Ngabé....................................5
9- District d'Igné....................................4
10- District de Vindza....................................3
11- District de Mbanza-Ndounga....................................3
12- District de Loumo....................................3
13- District de Kimba....................................3

Département des Plateaux..........................61 sièges

Soit :

1- District d'Abala...6
2- District de Djambala.....................................6
3- District de Makotipoko...................................5
4- District de Mpouya.......................................5
5- District d'Allembé.......................................5
6- District d'Ongogni.......................................5
7- District de Ngo..5
8- District d'Ollombo.......................................6
9- District de Lékana.......................................6
10- District de Gamboma.....................................7
11- District de Mbon..5

Département de la Cuvette……………………………57 sièges

Soit:

1- District d'Owando……………………………………...8
2- District de Loukoléla……………………………….....6
3- District de Tchikapika……………………………….6
4- District de Boundji…………………………………...6
5- District d'Oyo………………………………………...6
6- District de Ntokou…………………………………....5
7- District de Ngoko………………………………….......5
8- District de Mossaka…………………………….........8
9- District de Makoua………………………………….....7

Département de la Cuvette-Ouest…………………...55 sièges

Soit:

1- District de Mbama…………………………………...8
2- District d'Okoyo………………………………………9
3- District de Mbomo……………………………………..8
4- District de Kellé……………………………………….9
5- District d'Etoumbi……………………………………10
6- District d'Ewo……..………………………………11

Département de la Sangha…………………………..45 sièges

Soit:

1- District de Mokeko……………………….....................11
2- District de Pikounda…………………….......................8
3- District de Sembé………………………......................8
4- District de Souanké………………….........................10
5- District de Ngbala…………………………......................8

Département de la Likouala…………………............57 sièges

Soit:

1- District de Bouanela……………………………………6
2- District de Dongou……………………………………8
3- District de Bétou ……………………………………9
4- District de Liranga……………………………………7
5- District de d'Impfondo ……………………………10
6- District d'Epéna ……………………………………8
7- District d'Enyellé……………………………………9

Commune de Brazzaville…………………..............97 sièges

Soit :

Arrondissement n° 1- Makélékélé 15
Arrondissement n° 2- Bacongo 13
Arrondissement n° 3- Poto-Poto 13
Arrondissement n° 4- Moungali 13
Arrondissement n° 5- Ouenzé 13
Arrondissement n° 6- Talangaï 17
Arrondissement n° 7- MFilou-Ngamaba 13

Commune de Pointe-Noire…………………………75 sièges

Soit:

Arrondissement n° 1- Emery Patrice Lumumba 17
Arrondissement n° 2- Mvou-Mvou 17
Arrondissement n° 3- Tié-Tié 21
Arrondissement n° 4- Loandjili 20

Commune de Dolisie………………………………..45 sièges

Soit:

Arrondissement n° 1 23
Arrondissement n° 2 22

Commune de Mossendjo……………………………25 sièges

Soit :

Arrondissement n°1 12
Arrondissement n°2 13

Commune de Nkayi…………………………………29 sièges

Soit :

Arrondissement n° 1 15
Arrondissement n° 2 14

Commune de Ouesso………………………………..25 sièges

Soit :

Arrondissement n° 1 13
Arrondissement n° 2 12

Article 77 nouveau : Le nombre de sièges au Sénat est fixé à six par département.

Article 83 nouveau : chaque bureau de vote est composé ainsi qu'il suit :

- Un président
- Un vice-président
- Quatre assesseurs
- Un représentant du ministère en charge des élections.

En cas de défaillance du président du bureau de vote, il est remplacé par le vice-président après avis de la commission locale d'organisation des élections. En cas de défaillance du vice-président assurant l'intérim du président, les membres du bureau désignent, en leur sein, un nouveau président.
En cas de défaillance d'un membre du bureau à l'ouverture ou pendant le scrutin, le président du bureau de vote procède au remplacement de celui-ci, après avis des membres.

Les membres du bureau de vote sont nommés par arrêté du ministre en charge des élections.

Article 88 nouveau : Le président du bureau de vote doit constater, avant l'ouverture de chaque scrutin, que :

- Tous les membres des bureaux de vote sont présents ;
- L'urne ou les urnes transparentes fermées à clé sont vides et munies de cadenas ;
- Les listes électorales existent ;
- Les bulletins de tous les candidats et enveloppes sont en nombre égal :
- Les formulaires de transcription des résultats existent ;
- Chaque candidat est représenté ;
- La force publiques est placée conformément à la loi ;
- Le matériel indispensable du scrutin est en place.

Si, pour une cause quelconque, les enveloppes réglementaires font défaut, le président du bureau de vote, après avis des autres membres du bureau, les remplace par d'autres, d'un type uniforme, frappées du cachet de la circonscription électorale.

Mention est faite de ce remplacement au procès-verbal, et cinq enveloppes utilisées y sont annexées.

Article 97 nouveau : Il est procédé au dépouillement après la clôture du scrutin. Le dépouillement est public : il est conduit sans désemparer jusqu'à son achèvement. Il a lieu dans le bureau de vote.

Le dépouillement du scrutin se déroule de la manière suivante :

- L'urne est ouverte et le nombre d'enveloppes est vérifié par le bureau de vote ; si ce nombre est supérieur à celui des « émargeants » sur la liste, mention est faite au procès-verbal ;
- Les membres du bureau de vote effectuent le dépouillement des votes et des décomptes des voix. Ils sont assistés des scrutateurs choisis par le président du bureau de vote, parmi les électeurs présents sachant lire et écrire ;
- Le dépouillement s'effectuent sur une table unique ou sur plusieurs tables entre lesquelles le président répartit les enveloppes. A chaque table, l'un des scrutateurs extrait le bulletin de chaque enveloppe et le passe, déplié, à un autre scrutateur. Celui-ci lit à haute voix ; les indications portées sur le bulletin sont relevées par deux scrutateurs, au moins, sur les feuilles préparées à cet effet ;
- Les tables sur lesquelles s'opèrent les dépouillements du scrutin sont disposées de telle sorte que les électeurs puissent circuler tout autour.

Article 98 nouveau : Les bulletins nuls ne sont pas considérés comme suffrages exprimés.

Sont considérés comme nuls :

- L'enveloppe sans bulletin ou le bulletin sans enveloppe ;
- Plusieurs bulletins dans l'enveloppe ;
- Les enveloppes ou les bulletins comportant des mentions griffonnées ou déchirées ;
- Les bulletins entièrement ou partiellement barrés ;
- Les bulletins ou les enveloppes non règlementaires ;
- Les bulletins comportant des mentions injurieuses ;
- Les enveloppes contenant les objets étrangers au vote.

Article 99 nouveau : Le président du bureau de vote, immédiatement après le dépouillement et décompte des voix, rend public et affiche le résultat provisoire du scrutin.

Il remet aux représentants de chaque candidat le formulaire des résultats du scrutin dûment signé de toutes les parties. Il transmet, à la commission locale d'organisation des élections, le procès-verbal accompagné des pièces suivantes :

- Les enveloppes et les bulletins annulés;
- Une feuille de dépouillement des votes dûment arrêtée ;
- Les réclamations du bureau de vote relatives au déroulement du scrutin.

Article 112 nouveau : La requête est écrite. Elle est adressée, selon les cas, au président de la juridiction constitutionnelle ou du tribunal de grande instance qui en donne avis, sans délai, à l'assemblée dont l'élu est membre.

Article 149 nouveau : Tout citoyen visé à l'article 57 nouveau de la présente loi, qui désire être candidat aux fonctions de Président de la République, de député, de sénateur ou de conseiller local, est mis en disponibilité pour une durée de deux ans.

Tout citoyen exerçant une fonction frappée d'inéligibilité, qui démissionne et fait acte de candidature à une élection, ne peut être nommé à nouveau à une fonction publique avant un délai de deux ans.

Article 150 nouveau : Le Président de la Commission nationale d'organisation des élections, après chaque élection, adresse un rapport au Président de la République, au Président de l'Assemblée nationale, au Président du Sénat et au ministre en charge des élections dans un délai de soixante jours, à compter de la date de la proclamation des résultats.

Article 151 nouveau : Des organismes nationaux, internationaux, et des personnalités étrangères qualifiées peuvent, lors des consultations électorales et sur invitation du gouvernement, observer les différentes phases du processus électoral.

Un décret en conseil des ministres détermine les modalités d'application du présent article.

Article 2 : La présente loi, qui abroge toutes dispositions antérieures, sera publiée au Journal officiel et exécutée comme loi de l'Etat.

Fait à Brazzaville, le 25 mai 2007
Par le Président de la République,

(e) Denis SASSOU N'GUESSO

Le Ministre de l'Administration du
Territoire et de la Décentralisation.

(e) François IBOVI

Le Ministre d'Etat, garde des sceaux,
Ministre de la Justice et des Droits humains,

(e) Maître Aimé Emmanuel YOKA

Pour le Ministre de l'Economie, des Finances
et du Budget en mission,

Le Ministre d'Etat, Ministre des Affaires étrangères
et de la Francophonie.

(e) Rodolphe ADADA »

Table des matières

Le Congo-Brazzaville aux éditions L'Harmattan

Dernières parutions

DE L'ETHNIE À L'ÉTAT-NATION – Pouvoirs traditionnels et pouvoir politique au Congo-Brazzaville
Nzamba Brice - Préface de Calixte Baniafouna
Des tribus issues des formes d'organisations politiques antérieures à la colonisation se retrouvent dans un même espace géographique. Les élites issues de ces tribus se disputent le contrôle du pouvoir étatique, renforçant ainsi le sentiment tribal au détriment de celui de la nation. Il devient nécessaire d'obtenir le consentement des pouvoirs traditionnels, incarnés par les chefs coutumiers, en leur accordant de siéger au sein d'une des institutions de l'État.
(Coll. Points de vue, 12.50 euros, 114 p.)
ISBN : 978-2-336-00125-8, ISBN EBOOK : 978-2-296-51037-1

OEUVRE (L') MISSIONNAIRE DE MGR PROSPER AUGOUARD AU CONGO-BRAZZAVILLE (1881-1921)
Ibombo Armand Brice - Préface de Dominique Ngoïe-Ngalla
Ce livre se propose de faire une relecture sur l'activité missionnaire de l'un des pionniers de l'Église du Congo : Mgr Prosper Augouard. Missionnaire spiritain et vicaire apostolique du Haut-Congo, il a souvent été considéré comme «l'apôtre du Congo». Sa mission évengélisatrice sur le sol congolais a eu des résultats considérables.
(Coll. Eglises d'Afrique, 32.00 euros, 332 p.)
ISBN : 978-2-336-00315-3, ISBN EBOOK : 978-2-296-50973-3

DROIT (LE) DES PARCELLES DE TERRAIN AU CONGO (TOME 2) – L'immatriculation des parcelles de terrain
Iloki Auguste - Avec la collaboration de Mireille Iloki Gondo
L'origine des contentieux portant sur la propriété des parcelles de terrain déjà immatriculées se trouve dans l'inobservation des procédures légales tant d'acquisition des propriétés immobilières que de délivrance des titres fonciers. L'auteur étudie les mécanismes de délivrance et d'annulation du titre foncier, les conditions d'établissement du nouveau titre foncier, ainsi que la garantie de sécurité juridique qu'offre ce dernier. Il présente les statistiques de la délivrance du titre foncier et propose des solutions pour faciliter son obtention.
(Coll. Etudes africaines, 28.00 euros, 268 p.)
ISBN : 978-2-336-00682-6, ISBN EBOOK : 978-2-296-50801-9

SI BACONGO M'ÉTAIT CONTÉ
La joie de vivre métamorphosée en violence
Antoine-Ganga Dieudonné
Ce livre est un repère historique des événements qui ont marqué la vie non seulement des Bacongolais, les habitants de Bacongo, mais aussi de tous les

Congolais. Les faits, les gestes et les événements parfois très violents sont décrits sans détour, dans un langage franc et parfois dur. Cet ouvrage est aussi un appel à la tolérance, à la paix et à la réconciliation.
(20.00 euros, 198 p.)
ISBN : 978-2-296-96442-6, ISBN EBOOK : 978-2-296-50582-7

CONGO, DU ROYAUME À LA RÉPUBLIQUE
L'histoire d'un échec permanent
Souka Souka - Préface de Félix Bankounda-Mpélé
Ce livre relate l'histoire vraie du Congo ; celle que ses dirigeants politiques délibérément ou inconsciemment ignorent avec pour conséquence de donner raison à Karl Marx qui a dit : «Celui qui ne connaît pas l'histoire est condamné à la revivre». En dépit du temps qui les sépare, certains faits historiques de même nature ont conduit à la dislocation du royaume kongo, à l'échec du Moyen-Congo et menacent la République moderne.
(Coll. Pensée Africaine, 25.00 euros, 258 p.)
ISBN : 978-2-296-99698-4, ISBN EBOOK : 978-2-296-50575-9

ÉTHIQUE DU KÉBÉ-KÉBÉ ET PROMOTION DU LEADERSHIP CHEZ LES MBOSI DU CONGO
Le réveil d'Odi
Okamba Emmanuel
Ce livre analyse le lien entre l'éthique et le *leadership*, à travers le mythe du mouvement ou de l'immortalité des sociétés traditionnelles. Il présente le cas du Kébé-kébé, société traditionnelle de la tribu Mbosi du Congo, dont les valeurs éthiques ont des implications pratiques sur le *leadership* du dirigeant au service de l'amélioration continue de la performance de la cité et des organisations modernes.
(Coll. Pensée Africaine, 24.00 euros, 236 p.)
ISBN : 978-2-296-99376-1, ISBN EBOOK : 978-2-296-50672-5

UN MESSAGE D'ESPOIR POUR LE CONGO
Les mots essentiels
Kounkou Dominique
Vérité, Conviction et Espérance. Trois volets essentiels pour dresser l'état des lieux de ce qu'est devenu le Congo-Brazzaville. L'auteur dépeint la démesure dans laquelle a sombré son pays, autrefois «fait pour le bonheur». Face au régime usurpateur et dictatorial de Brazzaville, l'auteur incarne l'opposition et montre un chemin possible vers la démocratie.
(Coll. Théologie et Vie politique de la terre, 13.50 euros, 120 p.)
ISBN : 978-2-296-99501-7, ISBN EBOOK : 978-2-296-50681-7

VÉRITABLE (LA) HISTOIRE DU FOOTBALL CONGOLAIS
Gabio Ghislain Joseph
L'histoire du football congolais commence par l'école, à Brazzaville, capitale de l'Afrique équatoriale française, où l'Église favorise l'éclosion du football. La création des équipes donne naissance à une fédération qui organise la compétition locale. Pour connaître cette évolution, l'auteur a particulièrement suivi la sélection de Brazzaville, génératrice de l'équipe nationale du Congo.

Aussi propose-t-il cette histoire à travers ses équipes nationales, seniors, juniors et cadettes, surnommées Diables Rouges en 1972.
(Coll. Harmattan Congo, 17.50 euros, 172 p.)
ISBN : 978-2-296-99709-7, ISBN EBOOK : 978-2-296-50614-5

GRAND-PÈRE, PARLE-NOUS DU PEUPLE KOONGO
Antoine-Ganga Dieudonné - Préface de Guy Menga
Ce livre donne une mine d'informations sur le grand peuple koongo, sur ses coutumes et ses traditions qui sont en train de se désagréger petit à petit. Il consiste donc à sauver, grâce à l'écriture, ce qui peut encore l'être. L'auteur, dans un langage perméable et facile, use du procédé de questions-réponses et aborde un large éventail de domaines : proverbes koongos, histoire ancienne, colonisation et indépendance, religion traditionnelle.
(19.00 euros, 190 p.)
ISBN : 978-2-336-00141-8, ISBN EBOOK : 978-2-296-50486-8

PRATIQUE ET DÉONTOLOGIE NOTARIALES EN DROIT POSITIF Congo-Brazzaville
Amboulou Hygin Didace
Cet ouvrage présente de nouveaux enjeux de la profession et contient une étude complète des missions du notaire notamment celles de conseil, de médiation, d'établissement et de conservation des minutes dans les matières relatives au droit de la famille, au droit des affaires et au droit immobilier, des informations sur le calcul des droits de mutation, un glossaire de notions clés, 243 références de législation, jurisprudence et doctrine..
(Coll. Etudes africaines, 18.00 euros, 168 p.)
ISBN : 978-2-296-99339-6, ISBN EBOOK : 978-2-296-50285-7

HISTOIRE DES INSTITUTIONS JUDICIAIRES CONGOLAISES DE 1910 À NOS JOURS
Amboulou Hygin Didace - Préface d'Aimé Emmanuel Yoka
En 1910, la France ouvre une nouvelle ère de la colonisation en créant la Fédération de l'Afrique équatoriale (AEF). S'installent ensuite des institutions politiques, administratives et socioéconomiques (conférence de Brazzaville en 1944, Union française en 1946, Loi-cadre de 1956, Communauté française et création de la République du Congo en 1958, indépendance en 1960). Chaque période se caractérise par l'unification difficile des institutions judiciaires dans une société où cohabitent deux civilisations (traditionnelle et moderne).
(Coll. Etudes africaines, 29.00 euros, 280 p.)
ISBN : 978-2-296-99351-8, ISBN EBOOK : 978-2-296-50376-2

DROIT (LE) DU PATRIMOINE CULTUREL CONGOLAIS
Kianguebeni Ulrich Kévin
Le patrimoine culturel congolais est digne d'intérêt ; il apparaît, dès lors, nécessaire de mentionner les progrès enregistrés dans l'élaboration des outils juridiques et dans la mise en place des institutions qui contribuent à la protection du patrimoine culturel dans ce pays.
(Coll. Etudes africaines, 14.00 euros, 132 p.)
ISBN : 978-2-296-96281-1, ISBN EBOOK : 978-2-296-50255-0

VILLE (LA) D'OYO – Futurs possibles d'Oyo Poro
Ikiemi Serges - Préface du Pr Théophile Obenga
Serges Ikiemi retrace le parcours d'une ville du Congo Brazzaville née d'intenses luttes syndicalistes des natifs de cette localité, de la prophétie de Marcel Okoyo et de l'action de Denis Sassou Nguesso. Oyo est une ville cosmopolite, et ses habitants contribuent à faire de cette communauté urbaine une cité bien organisée.
(Coll. Harmattan Congo, 13.50 euros, 124 p.)
ISBN : 9782-296-99661-8, ISBN EBOOK : 9782-296-50074-7

ANNALES DE LA FACULTÉ DES LETTRES ET DES SCIENCES HUMAINES N° 5
Premier trimestre 2011
Massoumou Omer
Cinquième numéro des Annales de la FLSH de l'Université Marien Ngouabi, avec trois grandes parties comprenant divers articles : Langues, Littérature et Sciences Humaines.
(45.00 euros, 474 p.) *ISBN : 978-2-296-99218-4, ISBN EBOOK : 978-2-296-50297-0*

EXPÉRIENCE (L') CONGOLAISE DU SOCIALISME DE MASSAMBA-DÉBAT À MARIEN N'GOUABI
Ollandet Jérôme
Le 15 août 1963, la population de Brazzaville descend dans la rue pour exiger la démission de l'abbé Fulbert Youlou, le premier président du pays. De ce geste naît un autre mythe. Le pays opte pour l'expérience d'économie planifiée qui prend vite le nom de «socialisme scientifique». Ce livre retrace les étapes essentielles de cette expérience congolaise du socialisme pendant les douze premières années de son déroulement.
(Coll. Harmattan Congo, 37.00 euros, 358 p.) *ISBN : 978-2-296-96770-0*

MONARCHIE (LA) DE DROIT ANCESTRAL TÉKÉ – Sacralité et autorité
Ebiatsa Hopiel
Chez les Téké, la stratégie développée autour des forces surnaturelles pour exercer le pouvoir a donné naissance à une structure politique originale et peut-être unique en Afrique centrale : une Monarchie décentralisée au sein de laquelle les pouvoirs du roi sont largement tempérés par un Conseil spirituel et fortement limités par un Grand Conseil des Sages du royaume.
(Coll. Etudes africaines, 11.50 euros, 82 p.) *ISBN : 978-2-296-96095-4*

L'HARMATTAN, ITALIA
Via Degli Artisti 15; 10124 Torino

L'HARMATTAN HONGRIE
Könyvesbolt ; Kossuth L. u. 14-16
1053 Budapest

ESPACE L'HARMATTAN KINSHASA
Faculté des Sciences sociales,
politiques et administratives
BP243, KIN XI
Université de Kinshasa

L'HARMATTAN CONGO
67, av. E. P. Lumumba
Bât. – Congo Pharmacie (Bib. Nat.)
BP2874 Brazzaville
harmattan.congo@yahoo.fr

L'HARMATTAN GUINÉE
Almamya Rue KA 028, en face du restaurant Le Cèdre
OKB agency BP 3470 Conakry
(00224) 60 20 85 08
harmattanguinee@yahoo.fr

L'HARMATTAN CAMEROUN
BP 11486
Face à la SNI, immeuble Don Bosco
Yaoundé
(00237) 99 76 61 66
harmattancam@yahoo.fr

L'HARMATTAN CÔTE D'IVOIRE
Résidence Karl / cité des arts
Abidjan-Cocody 03 BP 1588 Abidjan 03
(00225) 05 77 87 31
etien_nda@yahoo.fr

L'HARMATTAN MAURITANIE
Espace El Kettab du livre francophone
N° 472 avenue du Palais des Congrès
BP 316 Nouakchott
(00222) 63 25 980

L'HARMATTAN SÉNÉGAL
« Villa Rose », rue de Diourbel X G, Point E
BP 45034 Dakar FANN
(00221) 33 825 98 58 / 77 242 25 08
senharmattan@gmail.com

L'HARMATTAN TOGO
1771, Bd du 13 janvier
BP 414 Lomé
Tél : 00 228 2201792
gerry@taama.net

606631 - Mai 2015
Achevé d'imprimer par

1livre.com
du rêve à la réalité !